아이들의 민주주의

학교 안 민주시민교육

학교 안 민주시민교육

아이들의 민주주의

유연상, 김인태

도서출판
수류화개

세종특별자치시교육청교육원 교육정책연구소
교육연구사 홍성휘

　최근 '포스트코로나'라든지 '4차산업혁명'을 대비하는 교육 등 미래
교육에 관한 논의가 한창이다. 다양한 목소리가 있겠지만, 미래교육도
'미래를 살아갈 우리 아이들'을 위한 기술, 교육, 사회, 시스템에 관한
것이다. 이때의 '미래를 살아갈 우리 아이들'은 비판적 사고력, 문제해
결력, 창의력, 협업능력, 더불어 살아가는 능력, 기술활용 능력, 미디
어 문해력, 공공성의 가치를 삶으로 실현하는 참여력 등을 갖춘 '민주
시민'을 의미한다. 이는 현재뿐만 아니라 미래에도 민주시민교육은 큰
의미를 가지며 주요 핵심 부분이라는 것을 보여준다.
　하지만 우리 교육현장에서 민주시민교육은 아쉬운 점이 여전하다.
예를 들어, 과거에 내용학을 중심으로 지식 습득에 치중되어 왔던 강
의식 민주시민교육 수업은 실질적인 실천 행동으로써의 민주시민교육
을 가져오지 못했다. 또한 교육과정 총론 수준에서 제시되고 있는 인간
상인 민주시민교육의 필요성은 던지지만, 각론수준에서 교육과정에 구
체적으로 안내 및 제시가 없는 실정이다. 그나마 다행스럽게 여기는 점
은 학교현장의 많은 교사들의 민주시민교육에 대한 열정과 노력이 계
속되어 학교현장에서 민주시민교육이 자리를 잡아가고 있다는 것이다.
　세종특별자치시교육청 교사(유연상, 김인태)의 《아이들의 민주주의》

라는 이 책도 민주시민교육 발전을 위한 의미 있는 발걸음으로 볼 수 있다. 이 책을 통해 우리 교육현장에서 민주시민교육은 어떤 의미를 가지며 실제 어떻게 운영되고 있는지를 자세하기 이해할 수 있다.

1부 '민주시민교육, 네가 궁금해'는 지난 2년 6개월의 긴 코로나19 기간 속 교실상황과 함께 학교현장에서 민주시민교육 의미를 생생하게 이해할 수 있는 내용들이 잘 담겨 있다. 또한 민주시민교육이 안착할 수 있도록 교육공동체의 삶이 공유되어야 함을 전제로 풀어가는 여러 이야기들은 민주시민교육을 위해 우리가 함께 나아갈 방향에 대한 시사점을 준다.

2부의 '민주시민교육, 적용해보자'의 경우, 학생의 일상적인 삶과 밀접한 수업을 통해 학생들이 주체적으로 현실을 볼 수 있는 안목을 길러줌으로써 민주시민으로서 성장을 돕는다.

민주시민교육이 한 차시 수업, 한 개의 교과, 하나의 프로그램으로 학습되는 것이 아니라 학교 생활 및 학교문화 그 자체를 통해서 이루어져야 함을 잘 보여주며, 민주시민교육이 단순히 교육의 대상이나 목적이 아니라 학교의 의사결정 및 운영의 민주성을 포함한 학교에서 이루어지는 모든 교육과정과 생활에 녹아들어 가야 함을 잘 드러낸다.

민주시민교육은 과정적인 지식이다. 단순한 지식이 아니라 다양한 경험과 행동으로 익혀지는 하나의 삶 교육이다. 이 책과 같이 우리 현장 교사들의 작은 발걸음들이 모여 민주시민 삶의 교육으로 실현되길 바란다.

온빛초등학교
교사 정회택

다음은 문재인 대통령의 제60주년 4·19혁명 기념사 전문이다.

국민 여러분,
4·19혁명은 대한민국 민주주의의 굳건한 뿌리입니다.
'주권재민'을 훼손한 권력을 심판하고,
정치·사회적 억압을 무너뜨린 혁명이었습니다.
국민 한 사람 한 사람의 힘이 모여
'대한민국의 주권은 국민에게 있고, 모든 권력은 국민으로부터 나온다'는
민주공화국의 원칙을 다시 일으켜 세웠습니다.
학생들은 학원 민주화를 외쳤고, 노동자는 노동조합을 조직했으며,
교사들은 민주시민 교육의 길을 열었습니다.

4·19혁명은 학생 시위가 도화선이 되어 민주주의를 염원하는 시민 전체의 시위로 확대되면서 장기 독재정권의 막을 내리게 하였다. 4·19혁명 당시 학생들은 교육을 정치 도구화하려는 정권의 시도를 비판하는 수준 높은 민주 시민 의식을 지니고 있었다. 학생들의 민주 시민 의식은 한국 교육의 역사와 관련이 있다. 한국 교육은 전통적으로 높은 교육열이 있었고, 일제의 통제 아래 억눌린 교육열은 해방 이후 문맹 퇴

치사업으로 비문해율이 1945년 78%에서 1958년 4.1%까지 떨어질 정도로 폭발하게 된다. 학생들이 문해력을 갖게 되면서 학교 교육과정에 담긴 민주주의 교육을 통해 독재 정권에 대한 비판과 실천 행동을 할 수 있는 핵심 주체가 될 수 있었던 것이다.

2022년 현재, 우리 사회는 급격한 사회 변화와 사회 구성원 간의 신뢰 부족으로 계층·세대·성별·이념 간의 갈등과 혐오문제가 어느 때보다 복잡 다양한 형태로 발생하여 사회 통합을 위협하고 있는 상황이다. 사회적 갈등은 불가피한 측면이 있고 사회발전을 유도하는 순기능도 있으나, 지나친 갈등은 우리 사회의 공동체 의식을 약화시키고 사회 구성원의 정체성 혼란을 유발한다. 이러한 문제를 해결하기 위해서 무엇보다 포용적 민주주의를 실현할 성숙한 민주시민을 양성할 수 있는 민주시민교육을 학교 교육에 포함시키고 교육과정의 중핵으로 삼아 교육활동을 실천해야 한다.

민주시민교육은 홍익인간을 이념으로 하는 우리 교육의 회복이다. 학생 각자는 자신의 권리·의무·책임을 이해하고 실천하는 능동적인 주체이며 포용적 민주사회를 만들어 갈 수 있는 역량을 길러야 한다. 비판적 사고력, 창의력, 의사소통능력, 협력능력은 민주시민으로 성장하기 위한 필수 자질이며, 학교에서는 이를 함양시킬 수 있는 교육을 실천해 나가야 한다. 민주적인 학교 환경 조성과 참여형·협력형 수업을 위한 민주시민교육 활동 지원도 절실하다.

민주시민교육에 대한 올바른 이해와 활용을 위한 《아이들의 민주주의》는 학생들을 포용적 민주시민으로 성장할 수 있는 길을 찾고자 하는 교사들에게 좋은 길잡이가 될 것이다. 4·19혁명 당시 교사들이 민주시민교육의 길을 열었던 것처럼 현재의 우리 교사들도 더 나은 미래 사회를 만들기 위해 《아이들의 민주주의》를 읽고 민주시민교육을 실천해 보자.

머리말

현재 우리는 4차 산업혁명 시기 미래 사회의 급변하는 모습 속에서 사회변화를 경험하면서 살아가고 있다. 인공지능, 빅데이터, 사물인터넷, 로봇공학 등 첨단 과학기술의 발달로 새로운 일상의 모습들이 눈앞에 펼쳐질 것이다. 우리는 이러한 급변하는 미래 사회에 민주시민으로 살아가기 위해서 미래 핵심 역량을 갖춰야 한다. 미래 사회에는 다양한 사회현상을 비판적 시각으로 바라보고 판단할 수 있는 역량, 다른 사람과 협업하며 공동체 발전에 참여하는 역량, 다양한 지식을 융합하여 새로운 문제를 창의적으로 사고하고 해결할 수 있는 역량 등이 요구되고 있다.

다가오는 2022 개정 교육과정에서 교육부는 미래 사회를 준비하기 위해 미래세대가 무엇을 배워야 하는지에 대해 많은 고민을 하여 총론 주요사항을 발표하였다. 미래세대가 학습해야 할 내용에 대해서 학생, 교사, 학부모, 국민 등이 함께 합의해가는 교육과정을 추구한다고 하였다. 단순히 입시위주의 지식을 축적하고 암기하여 경쟁하는 교육을 넘어서 미래 사회의 미래 교육을 대비하기 위해 비판적 공동체 의식·창의적 사고 역량을 갖춘 더불어 살아가는 민주시민을 육성하는 것이 시대적·사회적 변화에 따른 궁극적인 목표가 되어야 한다.

민주시민교육은 팬데믹과 기후 위기 등 전 지구적인 문제들이 발생하여 이러한 문제들을 슬기롭게 해결해 나갈 수 있는 역량을 갖춘 주인으로서 학생들을 교육하고자 한다. 다양한 세계 공동체 문제에 대해 고민하면서 그 과정 속에서 느끼는 책임으로부터 비롯되는 민주적 참여 정신과 실천 태도를 길러야 하는 것도 미래 사회가 지향하는 방향과 연관된다.

이 책은 크게 2부로 구성되어 있다. '1부 민주시민교육, 네가 궁금해'에서는 코로나19로 변한 우리의 모습, 교육과정에서 민주시민교육, 교실 속 우리 상황에 대한 내용을 다룬다. 민주시민교육을 위해서 사회 변화, 교육과정과 교실 속 모습을 살펴보며 민주시민에 관한 전반적인 이해를 돕고 있다. 그리고 책 중간중간에 현직 초·중등 선생님의 인터뷰를 넣어 궁금한 내용에 대한 이해를 돕고자 하였다. '2부 민주시민교육, 적용해 보자'에서는 신문논술, 학급 정부, 인생 게임, 공간 혁신, 마을연계 학생 사회참여 활동 등의 내용, 방법, 느낀 점 등을 포함하여 교실 안팎에서 펼쳐진 다양한 사례들을 상세하게 기술하여 교육 현장에서 활용할 수 있도록 도움을 주고자 하였다.

이 책이 현재 우리 교육에서 민주시민교육에 대한 필요성을 인식하고 학교 현장에서 실천하고자 하는 교사, 교육과정 속에서 민주시민교육이 변화해 온 모습을 이해하고 다양한 교실 속 사례를 이해하고자 하는 예비교사, 민주시민교육에 대해 알아가고 싶은 학부모 등에게 도움이 되기를 소망한다.

이 책이 나오기까지 우리는 서로의 교육관과 의견을 나누면서 오랜 시간 이야기를 나누었다. 그 과정 속에서 도움을 주신 장학사님, 연구사님, 선생님들과 정성을 다하여 편집해 준 편집장님과 책을 출간해 준 교육청에도 감사의 말씀을 전한다.

차례

1부

민주시민교육,
네가 궁금해

1장
민주시민교육은
무엇인가?

1. 코로나19로 변한 우리의 모습은?

코로나19가 2년 6개월 이상 지속되면서 우리의 생활은 많이 바뀌었다. 마스크 착용, 거리두기 같은 외적인 변화뿐만 아니라 온라인 쇼핑 및 배달 업체 이용률 증가, 일회용품 사용량 증가, 비대면 택배 이용 등 코로나19로 인해 달라진 가정에서의 모습도 찾아볼 수 있다. 학교에서는 도서관 사용 금지, 모둠활동 금지, 체육활동 제한, 공용물품 사용 금지 등 많은 제약으로 새로운 학교 환경에 적응해야 했다.

전세계적으로 시각을 넓혀보면 최근 TV, 신문 등에서 북중미, 미국 등 서양권 국가에서 중국인뿐만 아니라 동양인에 대한 혐오 범죄가 증가하고 있다는 기사를 많이 봤을 것이다. 우리나라에서도 2022 베이징올림픽 이후 반중정서가 심해져 중국인 유학생들을 향한 같은 아시안끼리의 편견 등으로 인해 문제가 발생하고 있다. 사람이라면 누구나 가지고 있는 기본적인 자유롭고 평등하고 행복을 추구하는 권리를 서로 존중하고 지켜줘야 하는데 그렇지 못한 경우가 발생하고 있어 사회통합을 위협하고 있는 상황이다.

우리나라는 사회적 차별, 혐오, 사회적 갈등지수가 매우 높은 나라에 속한다. 특히 OECD 국가 가운데 사회갈등지수는 멕시코, 터키 다음으로 3위에 속한다.

또한 세계경제포럼(2018) 발표에 따르면 비판적 사고 교육과 혁신적 사고 부분에서 90위, 근로자 권리 108위, 노사관계 협력 124위로 저조한 모습을 보였다.[1] 이는 미래사회에 필수적인 역량을 함양하고자 하

---

1 기획재정부(2018), 〈국가경쟁력〉, 세계경제포럼.(서울신문 18년 10월 18일자,

OECD 국가의 사회갈등지수

순위	2004		2014	
	국가명	지수	국가명	지수
1	터키	1.412	멕시코	1.507
2	멕시코	1.387	터키	1.354
3	한국	1.271	한국	1.200
	OECD 평균	0.879	OECD 평균	0.904

※ OECD 34개국 중 한국은 3번째로 사회갈등이 심한 국가(한국경제연구원, 2016)

는 우리 교육에 주는 시사점이 크다. 이는 경제규모 10위, 연간 GDP 35,000달러의 선진국 반열에 올라선 우리나라의 모습과는 거리가 멀다. 우리의 부족한 부분을 채워나갈 수 있는 교육이 필요하다.

2022년 4월 교육부에서 발표한 자료에 따르면 코로나19 이후 우울함과 불안함을 겪은 초등학생은 약 4명 중 1명에 이르고, 학업 스트레스와 교우관계도 부정적인 결과가 수치로 나타났다.[2] 코로나19로 인한 바이러스의 무서움과 더불어 다른 요인으로 사람들에게 미치는 영향이 생각보다 커서 놀라웠으며 학생들의 정서적, 심리적 부분에 안정감을 심어주고 학생들이 미래사회에 바람직한 민주시민으로서 성장하기

황비웅 기자, 〈韓 국가경쟁력 15위〉: https://m.seoul.co.kr/news/newsView.php?cp=seoul&id=20181018020023)

2 교육부(2022), 《학생정신건강 실태조사》, 한국교육환경보호원.(https://m.korea.kr/news/policyNewsView.do?newsId=148900723#policyNews)

위해 올바른 교육이 필요한 이유다.

코로나19 이후 또 달라진 변화로는 주린이, 요린이, 골린이 등의 신조어가 생겨났다는 점이다. 이러한 표현의 이면에 담긴 의미로써 '어린이가 미성숙하고 불완전한 존재로서 도움과 보호가 필요한가?'라는 생각이 들었다. 내가 교직 생활에서 만난 어린이들은 순수하고 여린 모습을 가지고 있지만 때로는 어른이 생각하지 못한 것을 생각하고 행동하는 등 성숙한 모습을 보일 때도 많았다. 어른들이 어린이만큼 미성숙한 모습을 보일 때도 있는데 마냥 웃으며 저런 표현을 쓰는 것이 오히려 불편하다. 어린이들은 어디로 튈지 모르는 개성과 잠재력을 지닌 향후 미래사회를 이끌어갈 존재인데 말이다.

올해 2022년은 어린이날 100주년이 되는 해이다. '어린이'라는 말은 1920년에 방정환 선생님이 어린 아동들을 하나의 인격체로 보아야 한다는 의미로 사용하기 시작했고, 어린이날은 어린이의 존엄성과 지위 향상을 위하고 올바르고 슬기롭게 자라도록 하기 위해 정한 날이다. 지금 우리 사회는 100년 전과 전혀 다른 모습이 펼쳐지고 있지만 어린이들의 권리와 행복은 이전과 별반 다르지 않은 모습으로 지금까지 유지되고 있다. 특히 〈대한민국 어린이 헌장〉에는 모든 어린이가 차별 없이 인간으로서 존엄성을 지니고 나라의 앞날을 이어나갈 사람으로서 존중되며 자라나길 바라는 마음이 담겨 있다.

〈대한민국 어린이 헌장〉에는 다음과 같은 11개의 조항이 있다.

대한민국 어린이 헌장

1. 어린이는 건전하게 태어나 따뜻한 가정에서 사랑 속에 자라야 한다.

2. 어린이는 고른 영양을 섭취하고 질병의 예방과 치료를 받으며 맑고 깨끗한 환경에서 살아야 한다.

3. 어린이는 좋은 교육시설에서 개인의 능력과 소질에 따라 교육을 받아야 한다.

4. 어린이는 빛나는 우리 문화를 이어받아, 새롭게 창조하고 널리 펴나가는 힘을 길러야 한다.

5. 어린이는 즐겁고 유익한 놀이와 오락을 위한 시설과 공간을 제공받아야 한다.

6. 어린이는 예절과 질서를 지키며, 한겨레로서 서로 돕고 스스로를 이기며, 책임을 다하는 민주시민으로 자라야 한다.

7. 어린이는 자연과 예술을 사랑하고 과학을 탐구하는 마음과 태도를 길러야 한다.

8. 어린이는 해로운 사회환경과 위험으로부터 먼저 보호되어야 한다.

9. 어린이는 학대를 받거나 버림을 당해서는 안 되고, 나쁜 일과 힘겨운 노동에 이용되지 말아야 한다.

10. 몸이나 마음에 장애를 가진 어린이는 필요한 교육과 치료를 받아야 하고, 빗나간 어린이는 선도되어야 한다.

11. 어린이는 우리의 내일이며 소망이다. 나라의 앞날을 짊어질 한국인으로, 인류의 평화에 이바지할 수 있는 세계인으로 자라야 한다.

위 11개 조항 중에서 6번째 조항인 '어린이는 예의와 질서를 지키며, 한겨레로서 서로 돕고 스스로를 이기며, 책임을 다하는 민주시민으로 자라야 한다.'라는 조항이 내 마음속에 가장 와 닿았다. 어린이는 권리의 주체이자 존중받아야 하는 독립적인 인격체이다. 또한 어린이는 사회에 공헌할 수 있는 잠재력을 지닌 가치 있는 존재이고 존중해야 하며 점차 성숙한 시민으로 성장하는 존재이다. 어린이를 민주시민으로 생각하는 것은 자유와 평등의 권리를 누리면서 공동체의 가치를 공유하고 사회 구성원으로서 성장해 나갈 수 있다고 생각한다.

그리고 국가와 사회 안에서 각자의 위치에 있는 어른들이 다양한 권리를 마땅히 누리면서 자신의 꿈을 펼쳐 나갈 어린이를 위해 매년 〈어린이 헌장〉을 읽고 공유하며 그 의미를 되새겨보는 시간을 가진다면 미래사회의 주인공이 될 아이들이 동등한 하나의 인격체로서 성숙하고 건강한 민주시민으로 성장할 수 있을 것이라 믿는다.

Q. 미래 사회는 어떤 모습일까?

초등학교 A 교사

미래 사회가 어떻게 펼쳐질지 한 마디로 이야기하기 어렵지만, 빠르게 변화하는 기술의 영향이 점차 늘어나고 있습니다. 삶의 양식, 일자리, 정치, 경제, 사회, 문화 등 다방면에 걸쳐 영향을 주고 있는 만큼 우리가 미래세대의 주역이 될 학생들에게 초등학교 시기부터 사회적 변화에 맞는 교육 내용을 가르쳐야 한다고 생각합니다.

Q. 미래 사회에서 중요한 점은?

초등학교 B 교사

세상이 아무리 빨리 바뀌더라도 인간의 본성은 쉽게 변하지 않습니다. 따라서 변화하는 세상 속에서 변하지 않는 것이 무엇인지 파악하여 학생들이 급변하는 사회 속에서 꼭 갖추어야 할 역량들을 함양하여 향후 민주시민으로서 살아갈 수 있는 기반을 만들어 주는 것이 중요합니다.

2. 교실 속 우리 상황은?

올해(2022년)는 유독 아이들에게서 "선생님은 어떤 후보가 좋아요? 어떤 후보 뽑을꺼예요?"라는 아이들의 질문을 많이 받았다. 그 이유는 20대 대통령 선거가 3월에, 제8회 전국동시지방선거가 6월에 있었기 때문인 것 같다.

> "선생님은 우리나라의 발전을 위해 노력하고
> 국민들의 이야기를 잘 들어주는 사람을 뽑을꺼야."

> "선생님 그런 것을 어떻게 판단해요?"

> "후보자의 공약과 선거에 임하는 준비과정과 태도 등을
> 종합적으로 보면 판단할 수 있지 않을까?"

아이들은 내가 한 말을 정확히 이해했을까? 의문은 들었지만 질문한 친구가 웃으면서 고개를 끄떡인 것을 보면 내가 한 말을 어느 정도는 공감을 한 것 같다. 선거에 출마하는 것 이상으로 학생들이 선거에서 공약과 후보자 선택의 중요성, 유권자 참여의 의미를 스스로 느껴보는 과정이 더 중요하다는 생각이 든다.

현재 대부분 초등학생들은 학교에서 전교임원선거와 학급임원선거를 1학기, 2학기 때 모두 경험하고 있다. 이는 교실 속에 하나의 민주사회가 형성되어 있음을 의미한다. 학생들의 이러한 선거 경험은 교실 속

에 민주사회를 경험할 수 있는 대표적인 행사 중 하나이다.

학교에서 이루어지는 선거에서도 선거에 출마하는 학생들은 자신의 선거 공약을 신중하게 준비해 소견을 발표하고 다른 학생들은 출마 학생의 공약과 소견을 듣고 판단한 후 투표용지에 친구의 이름을 적어낸다. 개표를 통해 최종 당선자를 확정하고 발표한 후 당선된 학생이 학교, 학급의 발전을 위해 대표로서 임무를 수행한다. 이후 매달 전교임원회의와 학급회의가 열리는데 회의 속에서 학생들은 모두 주체가 되어 학교 및 교실에서 발생하는 문제를 어떻게 하면 슬기롭게 해결할 수 있을까? 학교 및 학급이 발전하기 위해서 우리가 할 수 있는 것은 어떤 것이 있을까? 등 학교와 학급의 다양한 문제에 대해 이야기를 주고받으며 의견을 도출해 내는 일련의 과정을 거치면서 학교에서 또 다른 민주사회의 모습을 경험하고 있다.

그러나 코로나19가 장기화되면서 교실의 모습이 달라진 만큼 학생들의 개인주의화도 점차 심화되었다. 이번 2022학년도 1학기의 교실 모습을 관찰한 결과, 짝·모둠 활동보다 개인 활동이 많이 이루어지다 보니 다른 친구들의 이야기를 잘 들으려 하지 않고 자신의 이야기만 하려는 경향이 많아졌고, 서로를 이해하고 협력하는 모습이 이전보다 많이 줄어든 모습을 보였다. 또한 그동안 코로나19로 억눌려 있던 학생들의 욕구가 교실에서 많이 발산되었다. 이로 인해 개인의 사소한 장난이 오해를 불러일으켜 다른 친구의 기분을 상하게 하는 일의 발생 빈도가 많이 늘었다. 그리고 아이들은 다같이 평등한 것보다 자신이 특별하게 대접받는 것을 더 좋아하는 모습을 볼 수 있었다. 이러한 변화된 사회·문화적 환경과 현재 교실에서의 상황을 종합해서 봤을 때 학생들이 자기 주장만 펼칠 것이 아니라 갈등 상황을 풀기 위한 협의 과정을 경험한다면 자기 옆의 친구부터 이해하고 존중하는 자세를 가질 수 있을 것이라 생각한다. 아울러 더 나아가 자신과 다른 사람들을 차별, 편견 없이 바라보고 인권 의식을 함양한 학생으로 커나가리라 기대할 수 있을 것이다.

Q. 수업 시간에 인권 존중을 주제로 수업할 때
선생님에게 추천 해주고 싶은 책은?

초등학교 C 교사

선생님이 학생들과 수업 시간에 같이 읽고 활동할 수 있는 책으로 동화책, 그림책이 생각납니다. 먼저 동화책으로는 《투명한 아이》라는 책을 추천해주고 싶습니다. 기본적인 인간의 권리를 누리지 못하고 살아가고 있는 아이의 시각에서 펼쳐낸 이야기로서 학생들이 다른 문화와 타인을 존중하는 태도를 함양하고 인권 문제에 대한 의견과 문제점, 해결방안을 함께 고민해 볼 수 있는 책입니다.

다음 그림책으로는 《사라, 버스를 타다》라는 책을 추천하고 싶습니다. 인종차별의 부당한 법에 대응한 용기 있는 한 소녀의 모습을 그려낸 책으로 사회를 살아가면서 불합리한 차별과 편견을 극복할 수 있는 방법을 생각해 볼 수 있는 책입니다.

초등학교 사회 교과에서는 민주주의와 민주사회에 대하여 많은 이야기를 담고 있다. 초등학교 교육과정을 살펴보면 〈자유민주주의의 발전과 시민 참여〉[3]에서부터 〈일상생활과 민주주의〉[4]에 이르기까지, 역

---

3 [6사05-01] 4·19 혁명, 5·18 민주화 운동, 6월 민주 항쟁 등을 통해 자유민주주의가 발전해 온 과정을 파악한다.

4 [6사05-03] 일상생활에서 경험하는 민주주의 실천 사례를 탐구하여 민주주의의

사적 사건에서부터 민주주의의 의미, 중요성, 민주적 의사 결정 원리 등 많은 양의 초등학교 사회과 성취기준이 민주주의와 민주사회에 할애되고 있다.

수업시간에 학생들과 민주주의에 대해 이야기를 잠시 나눠 보았다.

"여러분은 민주사회가 무엇이라고 생각하나요?"

"우리가 주인인 사회요."
"우리가 자유롭게 참여할 수 있는 사회요."
"우리가 평등하게 누릴 수 있는 사회요"

"여러분은 지금 민주사회에 살고 있나요?
여러분이 있는 교실은 민주사회인가요?"

"네, 우리 교실에서는 의견을 정할 때 회의를 통해 결정하고 있습니다."
"친구들과 함께 협력해서 문제를 해결하고 있습니다."

학생들과 매년 학급 정부 활동을 하면서 본인의 직위와 책임을 가지고 생활하며 모두를 위해 서로 협력하는 생활을 통해 몸소 민주주의를 체험하고 있다. 교과서로 지식적인 부분을 공부하고 학생들이 교실 속 학급 정부 경험을 통해 자연스럽게 민주사회의 기본 원리를 체득하고 함께 살아가는 법을 배우며 민주시민이 되기 위한 자질을 키워 나가게 된다.

의미와 중요성을 파악하고, 생활 속에서 민주주의를 실천하는 태도를 기른다.
[6사05-04] 민주적 의사 결정 원리(다수결, 대화와 타협, 소수 의견 존중 등)의 의미와 필요성을 이해하고, 이를 실제 생활 속에서 실천하는 자세를 지닌다.

교육의 출발점은 무엇보다 그 학생들이 처한 사회·문화적 환경에 대한 고려가 있어야 한다. 이러한 고려는 기계적이거나 피상적이어서는 안 되며 교육 내용과 방법 전반에 걸쳐 있어야 한다. 민주시민교육에 있어서도 마찬가지이다. 우리 학생들이 처한 상황, 그리고 그 상황에서 학생들이 필요로 하는 것을 채워 주는 교육이어야 한다. 학생들이 민주주의에 대하여 자신의 삶과 연계하여 자신이 생각하거나 느낀 것을 경험하는 기회를 가지며 이러한 경험을 통해 우리 사회의 변화를 이끄는 능동적인 민주시민으로 자라도록 돕는 과정이 필요하다.

Q. 초등학교에서 진행하고 있는 민주시민교육은?

초등학교 A 교사

초등학교에서는 교실에서 학급회의, 학급 규칙 만들기 등 다양한 활동을 진행하고 있습니다. 더욱 중요한 것은 아이들의 삶과 연결되는 내용을 가지고 학생들이 다양한 의견을 말할 수 있는 수업을 해야 합니다. 다양한 프로젝트와 교과 통합 방식도 민주시민교육에서 활용할 수 있는 좋은 방법입니다. 예를 들어 사회과와 연계하여 교실 문제를 해결하기 위한 교실 헌법 제정 프로젝트 수업을 할 수가 있습니다. 교실 회의를 통해 민주적 의사 결정 절차를 체험하는 프로젝트가 될 수 있기에 학생들은 법의 중요성을 알게 되고 민주적 문제 해결력을 기르면서 민주시민으로 한층 더 성장할 수 있습니다.

Q. 고등학교에서 진행하고 있는 민주시민교육은?

고등학교 A 교사

저는 학교에서 담임을 맡고 통합사회 과목을 가르치고 있습니다. 창의적 체험활동 시간에는 '학급자치'에 관심을 가지고 있으며, 이와 관련하여 민주시민교육을 하고 있습니다. 학생들은 학급 회의 전에 안건을 내고 학급 회의 시간에 다양한 의견을 활발하게 이야기합니다.

저는 학생들이 학급자치를 통해 학급을 운영할 수 있도록 여건을 마련합니다. 그리고 학급에서 학생들이 의견을 내면 학급에서 정해진 의견에 대하여 학생들이 함께 결정합니다. 교실에 담당 청소 구역을 정하는 것, 자리를 정하는 것, 체험학습 장소를 정하는 것 등 '학급자치' 운영을 통해 결정하고 있습니다. 지난 1학기에 체육 축제가 있었는데 응원 연습부터 종목 참가, 축제 후 청소까지 학급자치를 통해 운영하였습니다. 민주시민교육은 교사가 가르치는 것뿐만이 아니라 학생들이 스스로 행동하고 실천할 수 있는 여건을 마련해 주는 것도 민주시민교육이라고 생각합니다.

이 밖에도 통합사회 과목을 가르치면서 환경 교육, 인권 교육, 참정권 교육을 통해 학생 중심의 활동 수업을 하고 있습니다. 사회 현상을 주제와 연결해서 문제점을 파악하고 해결 방안에는 무엇이 있는지 서로 고민하고 실천 방안을 제시하고 실천할 수 있도록 수업을 운영하고 있습니다. 수업 설계에 따라 프로젝트 수업으로 하는 경우도 있습니다.

3. 교육과정에서 민주시민교육은?

누구나 자신의 목소리를 내어 권리를 행사할 수 있는 민주주의는 오랜 시간과 많은 노력 끝에 얻은 결과물로서 우리가 배우고 가르쳐야 하는 중요한 교육으로 자리 잡아가고 있다.

"민주주의를 왜 가르치고 배우는가?"

개인마다 생각은 다를 수 있지만 보편적으로 민주주의를 우리 삶에서 실천하고 적용하기 위해서라는 생각이 든다. 이를 위해서 민주사회의 주인인 시민이 민주주의를 배우고 삶에서 권리를 행사할 수 있도록 돕는 과정이 필요하다.

1945년 광복 이후 교육에 대한 긴급 조치가 나오면서 민주시민을 위한 공민(현재 사회과에 해당하는 과목) 교과를 만들었다. 광복 이후라면 민주주의를 한 번도 경험하지 못하고 잘 모르는 상황이어서 실질적인 교육이 이루어지지 못하고 상징적이고 선언적인 수준에 그쳤을 것이다.

1997년 제정된 우리나라 교육기본법 제2조에는 다음과 같이 명시되어 있다.

교육은 홍익인간의 이념 아래 모든 국민으로 하여금 인격을 도야하고 자주적 생활능력과 민주시민으로서 필요한 자질을 갖추게 함으로써 인간다운 삶을 영위하게 하고 민주국가의 발전과 인류공영의 이상을 실현하는 데에 이바지하게 함을 목적으로 한다.

(출처: 교육기본법, 교육부)

이러한 홍익인간의 이념이 이어지면서 민주 국가의 공민에서 민주 국가의 시민으로 변화하였음을 알 수 있다. 이는 지금 현재 학교에서 배우고 있는 2015 개정 교육과정 총론에 추구하는 인간상과도 관련이 있다.

교육과정 구성의 방향 - 1. 추구하는 인간상
  라. 공동체 의식을 가지고 세계와 소통하는 민주 시민으로서 배려와 나눔을 실천하는 더불어 사는 사람
                                    (출처: 2015개정 교육과정 총론, 교육부)

더불어 사는 사람은 공동체 의식을 가지고 다양한 가치를 가진 사람들이 공존하여 정의롭게 사는 것에 대한 민주 시민 의식을 가진 사람이다. 이처럼 학생들이 공동체 의식과 민주 시민 의식을 가지고 살아갈 수 있도록 지도해야 함을 강조하고 있다.

그리고 초·중·고 학교급별 교육 목표로 민주시민과 관련된 내용을 다음과 같이 명시하였다.

교육과정 구성의 방향 - 3. 학교급별 교육 목표
  가. 초등학교 교육 목표
    4) 규칙과 질서를 지키고 협동정신을 바탕으로 서로 돕고 배려하는 태도를 기른다.

나. 중학교 교육 목표

　4) 공동체 의식을 바탕으로 타인을 존중하고 서로 소통하는 민주 시민의 자질과 태도를 기른다.

다. 고등학교 교육 목표

　4) 국가 공동체에 대한 책임감을 바탕으로 배려와 나눔을 실천하며 세계와 소통하는 민주 시민으로서의 자질과 태도를 기른다.

(출처: 2015개정 교육과정 총론, 교육부)

　이처럼 교육과정 내 여러 부분에서 시대적·사회적 변화 요구 및 변화에 따라 학생들이 갖추어야 할 필수적인 목표로 민주 시민적 자질과 태도를 강조하고 있음을 볼 수 있다.

　2015 개정 초등 사회과 교육과정에도 민주시민교육과 관련된 내용을 내포하고 있다.

영역	내용
지식·이해	정치: 국회·정부·법원의 기능, 지구촌 환경 문제, 민주주의, 기본권, 헌법 경제: 경제적 정의, 지속 가능한 미래 사회·문화: 다문화 사회의 문제와 해결, 사회 변화

가치·태도	세계시민, 지구촌 평화, 민주적 의사 결정의 원리, 민주주의
참여·실천	세계시민, 지역 문제의 해결, 민주적 의사 결정의 원리

교과 이외에 창의적 체험활동에서도 민주시민교육과 관련된 내용을 찾아볼 수 있다.

영역	활동	학교급별 교육의 중점	활동 내용(예시)
자율활동	자치활동	민주적 의사 결정의 기본 원리 이해 및 결정	• 협의 활동−학급 회의, 전교 회의, 모의 의회, 토론회, 자치 법정 등 • 역할 분담 활동−1인 1역 등
	창의주제 활동		• 학교, 학년, 학급 특색 활동 • 주제 선택 활동−주제 탐구형 소집단 공동 연구, 자유 연구, 프로젝트 학습 등

동아리 활동	학술활동	소속감과 연대감 배양	• 사회과학탐구활동- 다문화 탐구, 인권 탐 구 등 • 정보활동-신문 활용 등

또한 민주시민교육은 2024년부터 초등학교 현장에 도입될 2022 개정 교육과정 총론에서도 적극적으로 언급되면서 모든 교과에서 반드시 연계하여 시행하도록 요청하고 있다. 그리고 비교과인 창의적 체험활동, 자유학기 활동 등과 연계한 참여·체험 중심의 수업과 자치활동을 강조하고 있다. 이렇게 강조하고 있는 이유는 예측 불가능한 사회에서 살아가게 될 학생들이 자신의 삶과 세상에 적극적으로 대응할 능력과 의지를 가져야 할 필요성 때문이 아닐까?

민주시민교육은 '비판적 사고력을 가진 주체적인 시민이 민주주의의 가치를 존중하고 서로 상생할 수 있도록 민주시민으로서의 역량을 향상시키는 교육'으로 개념화되고 있다. 즉, 학생이 자기 자신과 공동체적 삶의 주인임을 자각하고, 비판적 사고를 통해 자신이 속한 공동체의 문제를 상호 연대하여 해결할 수 있도록 지원하는 교육이라고 말할 수 있다.

존 듀이는 "민주주의란 정치의 양식이 아니고 생활양식이다."라고 말하였다. 이 말은 예전부터 필자의 가슴 속에 굳은 명언으로 자리 잡아 있다. 학교에서 학생들은 가르치고 있는 교사라서 더 공감이 되는 말이기도 하지만 이 말에는 더불어 살아가는 일생생활의 삶 속에서 다양한 경험과 교육을 통해 바람직한 민주시민으로 사회에 살아가기 위한 행동과 태도를 함양할 수 있다는 것임을 뜻하는 것 같아서다.

학교의 발전은 곧 사회의 발전과 같다고 생각한다. 학교라는 공간은 학생들에게 사회생활에 필요한 구성원들 간의 배려와 협력, 의사소통, 민주적 가치를 학습하게 하여 민주사회를 이룰 수 있는 중요한 공간이고, 이 공간 안에서 학생들은 다양한 가치를 습득하고 함양하여 사회생활을 할 준비를 하게 된다. 이러한 학생들이 사회생활을 하면서 자신의 삶을 가치 있게 여기고 사회에 바람직한 구성원으로서 역할을 한다면 미래사회의 주인공이 될 수 있는 그 자체로 큰 의미가 있다고 생각된다.

2장
민주시민교육이
나아가야 할
방향은 무엇인가?

1. 현재 민주시민교육의 문제점

2021년 대한민국 민주주의 지수(영국 시사주간지 《이코노미스트》가 민주주의 지표를 통해 2006년부터 매년 세계 167개 국가를 대상으로 선거절차와 다원주의, 정부의 가능성, 정치 참여, 정치 문화, 시민자유의 5개 분야에서 민주주의 지수를 측정한 것)가 기존 23위에서 16위로 뛰어 올랐다.[5] 이 지표를 통해 우리나라가 완전한 민주주의 국가의 반열에 올라섰다는 의미가 크지만 그 내면을 돌이켜보면 청와대 국민청원, 국회의 국민동의청원제도처럼 우리나라 국민들이 사회에 대한 적극적인 관심과 참여도로 인한 영향도 큰 것 같다. 이처럼 민주주의는 삶 속에서 경험하고 실천하는 모습이 발현될 때 빛을 발한다.

대한민국헌법 제1조에 다음과 같은 내용이 있다.

1항 대한민국은 민주공화국이다.
2항 대한민국의 주권은 국민에게 있고, 모든 권력은 국민으로부터 나온다.

이처럼 우리 각자는 한 나라의 구성원으로서 권리를 실행하고 국민이 주인이 되는 사회에서 바람직한 시민으로서 살아가는 모습을 추구할 수 있다. 수동적이고 순응하는 국민이 아닌 자신이 누릴 수 있는 권

5　영국 이코노미스트(2021), 〈민주주의 지수〉, 이코노미스트 인텔리전스 유닛 홈페이지

리와 의무를 찾아 실천하는 능동적인 주체로서 성장이 필요하다.

하지만 현재 학교교육에서는 민주시민교육을 실천할 수 있는 환경과 여건이 준비되어 있지 않다. 우리나라의 교육과정 전반이 지식 중심 위주의 입시교육인데다 이러한 경쟁교육 안에서는 학생의 균형잡힌 성장과 발달을 위한 교육이 이루어질 수 없고, 더욱이 민주시민교육은 해도 그만, 안해도 그만인 교육내용이라는 인식이 짙어질 수 밖에 없기 때문이다. 그러나 입시 위주의 지식을 축적하고 암기하여 경쟁하는 우리의 교육을 넘어서 미래사회의 미래 교육을 대비하기 위해 비판적 사고·공동체 의식·창의적 사고 역량을 갖춘 더불어 살아가는 민주시민을 육성하는 것이 시대적·사회적 변화에 따른 궁극적인 목표가 되어야 한다.

그리고 민주시민교육은 교실 안에서 지식으로만 배우는 일회성 교육이나 교육주간에 열리는 행사성 위주의 프로그램으로 그치는 경우가 많다. 학생들은 영상을 보고 대답하는 수동적인 역할에 그치게 되고 학교에서 하는 캠페인 행사에 수동적으로 참여하는 모습의 이러한 교육은 학생들에게 깊은 배움과 영향을 주기에 부족하고 삶의 방식에도 전이되기 힘들다. 학교에서는 교육과정 전반에서 민주시민교육을 활성화하고 학생들이 자신이 하고 싶은 것을 생각하고 문제가 있다면 스스로 고민하고 협력하여 실천할 수 있도록 자발적 참여 유도가 필요하다. 서툴지만 학생들이 마음껏 시도해보면서 그 과정 속에서 다양한 성공과 실패를 스스로 경험할 기회를 얻을 수 있기 때문이다. 선생님은 다만 학생들의 성장 과정을 보면서 기다려주고 학생들이 스스로의 힘으로 해결하는 과정을 지지하고 안내해 주어야 한다.

또한 관료적이고 소극적인 학교 풍토로 학생들은 실질적인 삶 속에서 주체로서 인정받지 못하는 경우가 많다. 예를 들어 선거로 당선된 학생 대표는 교사의 지도하에 수동적인 역할에 그치거나 실제적인 권한 행사를 기대하기 힘들다. 주체로서 대우받지 못하면 결코 주체가 되어 행동할 수 없다. 학생들의 삶 속에서 지속적으로 이루어질 수 있도록 학생이 주체가 되는 활동이 많아져야 한다. 평소에 학교에서 이루어지는 인성교육이 곧 민주시민교육이 될 수 있고 생활 속에서 책임의식을 가지고 배려와 나눔을 실천하는 학생으로 나아갈 수 있는 경험과 기회 제공이 필수적이다.

Q. 현재 민주시민교육의 문제점은?

초등학교 A 교사

민주시민교육을 주로 다루는 과목이 없기에 대부분 일회성으로 그치는 경우가 많습니다. 어떤 교육이든지 일회성 교육은 그 효과를 보기가 어렵습니다. 그리고 학교 구조상 교사와 학생 간 정보의 비대칭이 이뤄질 수 있는 구조가 많습니다. 정보는 곧 힘이자 권력이 되고 교사가 다루고 접근할 수 있는 정보의 양이 절대적입니다. 힘의 균형이 없으면 민주주의적이기 어렵고 결국 교사의 역량에 따라 민주시민교육의 질이 결정될 수 있습니다. 따라서 민주시민교육이 잘 정착될 수 있도록 학생들의 삶 속에서 민주시민의식을 함양할 수 있는 내용 요소를 관련 교과에서 추출하여 프로젝트로 연계한 수업을 지속적으로 할 필요가 있습니다.

Q. 현재 민주시민교육의 문제점은?

고등학교 A 교사

민주시민교육을 별도로 하는 경우가 있지만 모든 교과와 창의적 체험활동 등에서 다양하게 연계하여 할 수 있다고 생각합니다. 주변 선생님들과 함께 민주시민교육의 사례를 나누고자 하면 평소하고 계시는데도 불구하고 특별한 것이 아니라고 부끄러워하는 경우가 있습니다. 학교 현장에서의 민주시민교육에 대한 다양한 이해가 필요합니다. 그리고 학생 입장, 학부모 입장, 교사 입장 등 다양한 관점에서 민주시민교육에 대해서 고민이 필요합니다. 우리 주변에서 발생하는 여러 가지가 민주시민교육의 주제가 될 수 있지 않을까? 하는 생각이 듭니다.

2. 해외 민주시민교육은?

민주시민교육을 이미 실천해 온 외국의 사례를 살펴보면, 대표적으로 독일, 프랑스, 영국, 미국, 핀란드, 호주 등을 꼽을 수 있다. 이러한 선진국에서는 민주시민교육을 학교교육을 통해 제도화하고 교육과정 및 지역사회에서 실천해오고 있다. 미국, 영국, 프랑스의 '시민교육', 독일의 '정치교육'은 민주시민교육과 맥을 같이한다고 할 수 있다.

먼저 독일에서는 시민교육 과정을 필수로 편성하여 운영하고 있다. 특히 21세기 유럽연합(EU)을 이끌고 있는 주도적 국가인 독일은 1990년 통일 이후 사회갈등을 줄이기 위해 사회통합을 우선시하고 세계 유일하게 '정치교육'이라는 이름으로 시민교육을 운영하고 있으며, 이를 통해 전체주의와 민주주의를 대비시켜 민주시민교육을 실천하고 있다.

프랑스에서는 세계 최초로 초등학교 무상 의무교육을 실현하고 유아교육 시기에 시민교육을 시행하고 있다. 프랑스 혁명의 이념인 자유, 평등, 박애를 핵심 가치로, 비판적이고 능동적인 시민 양성을 목표로 2015년 '시민도덕교과'라는 독립 교과를 만들어 민주시민교육을 실천한다. 그리고 학교운영위원회에 학생대표가 참여하여 의결권을 행사하고 있다.

영국에서는 1990년대 심각한 교육 문제에 직면한 적이 있다. 이주민에 대한 사회적 차별과 혐오, 정치적 무관심이 사회 문제로 크게 대두되었기 때문이다. 그러자 영국 정부에서는 1997년 민주시민교육의 필요성을 강조한 크릭보고서(Crick's Report—민주주의를 위한 교육과 학교에서 민주주의 가르치기 보고서)를 채택하고 이를 실천에 옮겼다. 이 보고서에는 정치적 문해력을 갖춰 사회적, 도덕적 책임감을 간직하게 하고 지역사회에 참여하는 삶을 살아가도록 안내하는 등의 내용이 담겨 있다. 20년 넘게 실천한 결과 청소년 범죄가 확연히 줄어들었고 청년 투표율이 오르는 등 의미 있는 변화를 일궈 내고 있다.

미국에서는 대부분 주州에서 시민교과(Civics)를 필수과정으로 가르치고 있다. 미국의 학생 대상 시민교육은 대부분 학교에서 이루어지고, 교육 프로그램은 민간단체에서 개발한 내용에 기반을 둔다. 학교는 민간단체·정부와 긴밀히 연계하여 학교의 시민교육을 점검하기 위해 전문 기관의 가이드라인을 활용하고 있다.

핀란드는 학생의 사회참여와 정치 활동에 대해 학교와 국가가 권장하고, 학생의 자주성을 높이는 학생자치역량을 제도적으로 보장하고 있다. 그리고 19개 내각 부처 장관 가운데 12명이 여성이고, 교육부 장관은 30대이다. 이러한 역동적인 정치의 모습은 아동, 청소년을 위한 청소년 의회, 청소년 선거, 정당청년조직 등 열린 민주주의의 결과라고 할 수 있다. 이처럼 민주주의 기반의 자율적 교육 운영 체계와 교육 공동체의 협업으로 성숙한 민주시민의식을 함양할 수 있는 기반을 구축하였다.

호주는 2015년에 '공민과 시민성'이라는 독립 교과를 통해 민주시민교육을 실천하고 있다. '공민과 시민성'은 초등학교 3~6학년에서 학생들이 의무적으로 배워야 하는 필수 교과다. 여기에는 인지적 영역(앎, 이해, 추론), 행동적 영역(기술, 관여, 행동), 정의적 영역(가치, 태도, 성향)을 포함하고 있다.

이상의 해외 사례에서 볼 수 있듯이 선진국은 학교 민주시민교육을 제도화하여 학교 현장에서 실천할 수 있는 환경이 마련되어 있다. 우리나라에서도 학교 민주시민교육의 방향을 설정하고 민주시민교육을 활성화할 수 있는 방안을 모색하는 것이 필요하다. 따라서 1부 3장에서는 앞으로 우리에게 필요한 교육의 방향에 대해서 2부에서는 교육과정과 연계한 다양한 수업 사례를 다룸으로써 학교 안 민주주의를 실천할 수 있는 방법을 소개하였다.

3. 앞으로 우리 교육의 방향은?

미래세대에 필요한 역량으로 비판적 사고 역량, 창의적 사고 역량, 공동체 역량 등이 요구된다. 이는 미래 사회를 살아가는 학생이 배움의 주체가 되어 주도적인 삶을 살아가고 사회와 문화의 다양성을 이해하며 공동체적 의식을 함양한 시민으로 성장하기 위함이다. 미래세대 교육은 경쟁과 줄 세우기를 통한 성적 위주의 결과중심평가가 아닌 성장 중심의 삶과 연계된 교육이 필요하다. 그리고 학생이 자신의 목표를 설정하고 책임 있는 행위 주체로서 자기 주도성을 기초로 한 민주시민이 될 준비가 되어 있다면 자신과 타인을 존중하고, 다른사람과 협력할 수 있는 구성원으로서 성장할 수 있다. 이를 위해서는 학생이 주체가 되어 직접 참여하고 실천하면서 시민적 가치와 태도를 기르는 민주시민교육이 매우 중요하다. 이는 지식의 배움을 넘어 미래를 이끌 시민을 키워내는 교육, 민주시민이 갖춰야 할 가치관과 삶의 태도를 기르는 교육, 학생들이 민주주의 가치를 존중하고 스스로 생각하는 힘을 지닌 주체적인 민주시민으로 성장할 수 있는 방향이어야 한다.

민주시민교육의 주제는 민주주의, 인권, 다문화, 세계화, 지구촌, 평화, 통일, 미디어 리터러시 등 다양하다. 이런 다양한 주제를 교육과정에 녹여 학생들이 교실에서 배운 것을 실생활에서 발견하고 직접 경험하고 실천하면서 삶의 변화를 이끌어 낼 수 있는 체험활동이 무엇보다 중요하고 필요하다. 학생들이 교실에서 배운 내용이 죽은 지식이 되지 않도록 말이다. 지금부터 미래사회 변화에 따른 민주적 시민성을 갖출 수 있도록 우리에게 필요한 교육의 방향을 몇 가지 소개하고자 한다.

미디어 리터러시 교육의 필요성

요즘 학생들은 어릴 때부터 컴퓨터, 핸드폰 등 전자기기를 쉽게 접하고 성장하며 이를 익숙하게 사용하는 세대이다. 이런 세대를 디지털 원주민(Digital Native)으로 부를 만큼 디지털 기기로 정보를 습득하고 교환하는 데 능숙하다. 그리고 다양한 매체에 노출되어 있는 요즘 학생들은 정치적·사회적 현상에 대해 관심을 많이 가지는 경우가 많다. 그러나 가짜 뉴스나 근거 없는 정보들이 유행병처럼 번지는 인포데믹[6] 시대에 학생들은 디지털 문화에는 익숙하지만 정확히 정보를 파악하고 비판하여 활용하는 측면에서는 아직 초보자들이다. 그리고 현재 우리나라 학생들의 미디어 리터러시 능력은 OECD 국가 중 최하위권이다.

미디어 리터러시는 사회적 참여를 위한 핵심수단이다. 미디어 리터러시는 미디어를 읽고 쓸 수 있는 능력을 넘어서 미디어 콘텐츠를 비판적·분석적으로 이용할 수 있는 능력을 말한다. 미디어 리터러시는 미디어 이용자를 수용자에서 생산자로, 소비자에서 민주시민으로 성장하는 데 큰 역할을 한다. 예를 들어, 미디어를 통해 직접 타인과 소통하고 자신을 표현하며 정보를 공유하는 과정을 통해 사회 참여로 이어지는 경험을 할 수 있다. 그리고 디지털 공간에서 효과적으로 정보를 찾고 비판적으로 이해하며 윤리적으로 소통하는 책임감 있는 사회 구성원으로 살아갈 수 있는 역량도 함양할 수 있다.

특히 미디어와 정보가 범람하는 시대에 살아가는 학생들이 사회적 관계와 삶의 맥락 속에서 살아가는 사회 구성원으로서 비판적 사고를

---

6 정보(information)와 전염병(epidemic)의 합성어로 유해한 정보가 SNS 등을 통해 전염병처럼 급속하게 퍼지는 현상을 말한다.

가지고 세상을 정확히 읽어낼 수 있는 태도와 역량이 무엇보다 중요하다. 우리 학생들이 살아갈 정보화 사회에서 가짜 정보를 판별하고 미디어를 적극적으로 활용하여 스스로의 미래를 계획하고 사회적 참여와 실천에 앞장서는 민주시민으로 성장하기 위해서는 미디어 리터러시 교육이 필수적이다.

참정권 교육의 중요성

우리 사회의 민주주의에 대한 열망과 대국민적 인식 개선으로 참정권의 범위가 점차 확대되어 가고 있다. 2020년부터 만 18세 이상 학생들에게 선거권이 부여되었고, 2022년에는 공직선거법 및 정당법의 개정으로 피선거권(선거에서 국가기관의 구성원으로 선출될 수 있는 국민의 기본권)은 만 18세, 정당 가입은 만 16세로 하향되어 정치에 참여할 기회가 확대되었다. 이를 통해 민주주의 사회에서 청소년들이 사회와 소통하고 사회적 문제를 해결하는 데 동참할 수 있는 창구가 마련되었다. 청소년들은 주어진 권리를 성실히 수행해야 하고 사회는 정치 참여 기회 확대와 올바른 교육 방법을 고려해야 한다. 그렇게 함으로써 청소년들은 교육을 통해 스스로 민주시민 의식 및 역량을 함양하는 계기가 될 것이다.

이러한 흐름에 맞춰 청소년, 초등학생들에게 참정권 교육은 필수적이다. 이때, 단순히 책을 통해 글을 읽고 지식적인 부분을 습득하는 것에서 더 나아가 실제로 학생들이 다양한 활동을 통해 체험하고 참여하는 경험이 중요하다. 예를 들어, 태블릿 PC를 활용하여 선거의 원칙과 의미 찾아보기, 참정권 확대에 대한 찬반 토론하기, 공약과 관련하여 매니페스토 운동(구체적인 예산과 추진 일정을 갖춘 선거 공약) 실천하기, 선거 참여의 중요성을 만드는 홍보카드 만들기 등을 진행할 수 있다.

이를 통해 학생들은 우리의 삶 속에 선거가 갖는 의미를 알고 정치 참여의 가치를 소중히 여기며 실천하는 배움에 대해 얻을 수 있다. 학생들이 세상을 살아가면서 옳고 그름을 분별할 줄 알고 성숙한 민주시민으로 나아가는 데 좋은 밑거름이 되리라 생각한다.

민주주의 꽃, '학생 자치'

학생 자치를 생각해보면 막연하면서 무엇을 해야 할지 어렵고 우리 학교에서 하기 쉽지 않다는 생각이 앞서게 된다. 학생 자치를 위해서는 학생들의 이해와 요구를 바탕으로 다양한 가능성을 실현할 수 있는 집단의 역량이 발휘될 수 있는 장이 필요하다.

보통 학교에서는 전교임원선거와 학급임원선거를 할 때 자신의 공약과 소견 발표를 하는 절차를 거치는데, 단순히 선거 벽보를 붙이거나 자신의 공약을 전달하는 선거 유세만으로는 상호 간의 깊이 있는 이해와 소통에 한계가 있다. 선거 전에 '학생 자치 임원 후보자 대토론회 과정'이 이루어진다면 자신의 공약을 유권자들에게 안내하고 유권자들은 후보자에게 공약과 궁금한 내용을 질문을 통해 임원으로서의 자격 여부를 검증 및 판단할 수 있는 경험을 할 수 있다.

또한 기존 전교 임원 회의를 개선한 대의원 회의를 운영할 수 있다. 기존 전교 임원 회의는 전교 임원 선거에서 선출된 전교 회장, 부회장이 학교를 대표하는 역할과 함께 전교 임원 회의를 진행하고 학급에서 뽑힌 학급 회장, 부회장들이 함께 모여 회의가 이루어지는 경우가 많았다. 반면, 대의원 회의는 전교 임원 선거를 통해 학교 대표를 선출하여 학교 대표가 회의를 이끌어가는 것이 아니라 학급에서 학급 대표로 대의원을 선출하여 대의원들이 모두 모여 회의를 열 수 있다. 대의원 모두가 학교의 대표가 될 수 있고 모두 공평하게 회의를 진행하고 참여하면서 역할을 수행할 수 있다.

학생자치를 통해 학생들이 주도적으로 문제를 해결하고 해결 과정을 통해 의사소통능력과 서로 협업하는 능력을 기를 수 있다. 학생들이 생활 속에서 자연스럽게 지속적으로 경험하고 실천하면서 주인의식을 지닌 민주시민으로 성장하게 될 것이다.

학교를 넘어 마을까지

시민들이 일상생활에서 느낀 문제를 개선하기 위해 제안하는 활동을 지방자치단체에서 많이 운영하고 있다. 학생들도 교실, 학교라는 울타리를 넘어 자신이 살고 있는 마을에서 찾을 수 있는 문제에 대해 생각하고 어떻게 개선되었으면 하는지 대안을 제시해 보는 과정은 삶을 살아가는 데 있어서 좋은 밑거름이 된다. 학생들은 문제 해결 과정에서 대화와 토론, 양보와 타협, 다수결에 의한 의사 결정을 존중하는 경험 등을 하게 된다. 그리고 자신이 느끼는 문제 상황을 개선하고 자신의 삶에서 실천하면서 정책 제안으로까지 나아간다면 학생들은 그 과정 속에서 자신도 모르게 민주시민으로 성장하게 되고 미래사회의 주체로서 책임감을 가지고 살아갈 수 있는 힘을 얻게 될 것이다. 이 책 2부 5장에서는 실제 학생들과 실천한 마을연계 학생 사회참여 활동 사례를 자세히 소개하였다.

Q. 앞으로 민주시민교육이 나아가야 할 방향은?

초등학교 C 교사
아직은 초등학교 민주시민교육이 시작 단계이기에 생활 속 체험 중심의 민주시민교육이 많이 이루어지고 있습니다.

급격히 변화하는 사회 속에서 바람직한 민주시민 양성이라는 목표는 다들 동의하지만 방법에서는 여러 가지 견해가 대립하거나 충돌할 가능성이 있습니다. 초등학교에서 민주시민교육이 나아가야 할 방향은 충분한 반성적 성찰을 통해 정립해야 할 것입니다.

해외 사례를 살펴보는 것도 방향을 모색하는 데 도움이 됩니다. 1970년대 독일에서는 보수, 진보 정치 세력 간의 정치 교과를 다루는 교수법에 대한 논쟁이 있었습니다. 1976년 논쟁적 토론을 통한 최소한의 합의 도달을 목표로 하는 세미나를 보이텔스바흐에서 개최하였는데 '강압 금지', '논쟁 원칙', '정치와 생활의 연계'라는 3가지 원칙을 합의하였고, 이후부터 독일 정치교육 교수법의 주요한 원칙으로 활용되고 있습니다.

우리도 독일처럼 민주시민교육이 나아가야 할 방향에 대한 기본 원칙을 논쟁적 토론을 통해 기본 방향과 원칙을 합의할 필요가 있겠습니다.

Q. 앞으로 민주시민교육이 나아가야 할 방향은?

고등학교 C 교사

'민주시민교육'에 대한 학교 현장에서의 학생 중심의 실천이 필요하다고 생각합니다. 민주시민교육은 환경, 인권, 평화 등 여러 가지 주제 또는 영역에서 학생들이 직접 사회 문제와 연결하여 고민해 보고 해결 방안에 대해서 의견을 나누면서 실천하는 교육이 되어야 합니다.

또한 지역 사회와 연계하여 민주시민교육이 이루어진다면 학생들에게 다양한 경험이 될 것이고, 사회와 소통 창구가 될 것 같습니다. 마지막으로 다양한 교과에서 민주시민교육을 연계하고 교사 간에 수업 나눔 또한 활발하게 이루어져야 합니다. 민주시민 교육은 학생, 학부모, 교사, 지역 사회 등 모두가 함께 참여해야 합니다.

우리 교실의 학생들에 대한 교육의 출발점에는 그 학생들이 처한 사회·문화적 환경에 대해 고려해야 한다. 그 고려는 기계적이거나 피상적이어서는 안 되며 교육 내용과 방법 전반에 걸쳐 있어야 한다. 민주시민교육에 있어서도 마찬가지이다. 우리 학생들이 처한 상황, 그리고 그 상황에서 학생들이 필요로 하는 것을 채워 주는 민주시민교육이어야 한다.

학교에서 학생들과 도덕 시간에 문화 다양성이라는 주제로 토론을 한 적이 있다. 서로 다양한 이야기를 나누고 서로 이해하고 공감하는 것에 초점을 맞추었다. 이 토론은 학생들의 삶과 연계하여 자신이 생각하거나 느낀 차별을 이야기하는 시간을 가지며 우리 사회의 변화를 이끄는 능동적인 민주 시민으로 자라도록 도울 수 있는 수업이었다. 누가 옳고 그른지를 판단하기 위해서가 아닌 문제에 대한 다양한 생각을 확인하고 이야기를 나누어 보는 자체가 의미가 있었다.

이처럼 민주시민교육은 어렵고 거창한 것이 아닌 학교에서 학습의 주제로 활용할 수 있는 부분을 고려하여 활동을 구성하거나 교육과정에 있는 성취기준을 활용하여 수업을 구성한다면 누구나 할 수 있는 교육이다. 학생들의 흥미와 수준에 기반하여 다양한 사회 현상을 탐구하고 실생활과의 연계를 강조한 수업을 한다면 학생들의 삶의 가치는 더욱 커질 것이라 생각한다. 그리고 교사의 의견을 미리 제시하기보다는 학생들의 이야기를 많이 들어주고 공감해주는 교사의 모습이 필요하다. 교사의 의견은 학생들의 생각을 고정시킬 수 있기 때문이다. 또한 실제 경험해 볼 수 없는 것을 다양한 독서를 통해 경험할 수 있는 만큼 자기주도적 독서 습관으로 더 큰 세상을 볼 수 있는 힘과 경험을 키워주어 내면화할 수 있도록 도와주는 것이 교사의 역할이다.

2부

민주시민교육,
적용해보자

1장
신문논술 교육을 통한 사회 이해

― 신문으로 만나는 교과서와 세상 이야기

아이들은 공부보다 선생님 이야기에 눈빛이 더 반짝거린다. 아무리 재미없는 옛날 이야기더라도 관심을 가지고 흥미있게 듣는다. 교과 내용을 최신식으로 가르치더라도 딱딱한 교과서 지식보다는 세상살이 이야기가 더 재미있나 보다. 그게 아니라면 공부 빼고 모든 것이 재미있는 나이라 그런 것일까? 공부에 심신이 지친 아이들을 달래주기 위해 수업 중 관련 교과내용을 인터넷에 검색하여 신문 기사를 함께 보다 보면 학생들의 관심과 질문이 빗발친다. 그렇다, 우리 아이들은 공부 빼고 다 좋아한다. 특히 세상 이야기를 좋아한다. 순간 이런 세상살이를 교육에 접목하면 어떨까 하는 생각이 들어 그날부터 매일매일 그날의 이슈로 신문 기사를 활용한 논술 및 교과교육을 시작하였다. 언론사가 허락하는 저작권 범위 내에서 우리가 활동한 신문논술 학습지 예시를 들어 활용방안 및 제작 방법에 대해 소개하고, 이를 통해 아이들에게 제공할 수 있는 교육적 효과에 대해서 논의하고 생각할 수 있는 기회를 가지고자 한다.

1. 매일 새롭고 재미있는 신문
& 뉴스로 흥미 돋기

공부에 지친 아이들이 재미있게 공부할 수 있는 뉴스를 인터넷에서 심심치 않게 찾을 수 있다. 이런 뉴스들을 잘 활용하면 교육과정에 충실하게, 요즘 이슈들을 활용하여 시대에 뒤떨어지지 않게 교육을 할 수 있다. 아래는 지금까지 한 신문논술 학습지 중 학생들과 재미있게 이야기해 볼 수 있는 주제를 몇 가지 예시로 선정한 것이다.

현실판 '쥬라기 공원', 유전자조작 모기 7억마리 방사?

기사입력 2020.08.25. 오전 8:00 최종수정 2020.08.25. 오전 8:02
기사원문 스크랩 전승엽 기자 김지원 작가 박서준 인턴기자 김혜빈
kirin@yna.co.kr

(서울=연합뉴스) 쥬라기공원. 1993년 개봉 당시 혁신적인 스토리와 그래픽으로 화제가 됐고 지금까지도 명작으로 거론되는 영화죠. 영화 속 과학자들은 모기 화석에서 추출한 DNA에 유전자 조작 기술을 더해 멸종한 공룡을 복원해냅니다.

머나먼 미래의 일처럼 보였던 유전자 조작 기술은 어느새 우리 생활 속에 들어와 있습니다. 콩과 옥수수 등 먹거리 종자를 병해충에 강하게

만드는 데 널리 쓰일 뿐 아니라 이제는 코로나19 백신 개발에도 유전자 조작 바이러스가 사용되고 있습니다.

얼마 전 미국에선 유전자 조작 기술을 이용한 대규모 실험이 당국의 승인을 받아 화제인데요. -후략-

1. 중요부분을 찾아 밑줄 그으시오.

2. 신문기사를 요약하시오. (국어 1학기 2. 이야기를 간추려요)

3. 기사의 내용으로 미루어보아 틀린 내용을 모두 고르시오.

① 미국 플로리다주 지방정부는 2021~2022년에 걸쳐 유전자 조작 모기를 풀 계획이다.
② 말라리아, 지카, 웨스트나일바이러스는 모기를 통해 감염된다.
③ 중국과 싱가포르도 미국을 따라 실험을 진행 할 예정이다.
④ 유전자 조작 기술을 활용하여 병해충에 강한 먹거리를 만들 수 있다.
⑤ 유전자 조작 모기와 만나 낳은 새끼가 암컷이면 유충 단계에서 죽는다.
⑥ 모기 방사 대상 지역은 모기의 감염병으로부터 해방될 기대감에 이 정책을 환영한다.
⑦ 환경단체 등 전문가들은 유전자 조작 모기 방사가 생태계를 교란 할 수 있다고 지적한다.

4. 다음은 기사에 등장한 국가에 대한 설명입니다. 빈칸을 채우시오.
(인터넷에서 구글맵의 도움을 받으세요.)
(사회 2학기 1단원. 세계 여러 나라의 자연과 문화)

미국	싱가포르	이집트
대륙 :	대륙 :	대륙 :
위도와 경도 :	위도와 경도 :	위도와 경도 :
기후 특징(2가지) 1. 2.	기후 특징(2가지) 1. 2.	기후 특징(2가지) 1. 2.

5. 다음 질문에 대한 답을 쓰시오.

① 유전자 조작 모기 7억 5천만 마리 중 5억 마리가 교미에 성공하였다. 몇 퍼센트가 성공한 셈인가? (소수점 둘째 자리에서 반올림 하시오.)
풀이 :
답 :

② 플로리다에는 모기가 32.5억 마리가 살고 있다고 한다. 이번에 방생한 모기가 7.5억 마리라면 원래 살고 있는 모기는 방생한 모기 수의 몇 배인가?
풀이 :
답 :

6. 유전자모기 방사가 환경보전과 인간의 감염병으로부터 해방이라는 가치의 충돌로 이슈가 되고 있습니다. 여러분은 기사의 유전자 조작 모기 실험에 대해 어떤 생각을 가지고 있나요? 여러분의 주장을 근거와 함께 논설문의 형식으로 써 봅시다.
(주장은 찬성과 반대로 나눌 것. 각 근거가 각기 다른 내용일 것. 근거마다 예시나 설명을 자세하게 쓸 것. 어려운 말 - 본인도 모르는 말은 가급적 쓰지 말 것. 상대방을 설득할 수 있는 논리적인 글일 것. 글자수의 합이 총 500자 이상이 되게 할 것. 띄어쓰기 포함입니다.)
(국어 2학기 3단원. 주장하는 글을 써요.)

위의 1번 문제처럼 중요문장을 찾아 밑줄을 긋는 것은 중심문장을 찾는 연습이다. 스스로 글을 읽으면서 자신이 중요한 문장을 찾으면 글의 전체적인 맥락을 이해하는 데 도움이 된다. 이 과정이 어려운 친구들은 글을 여러 번 읽으면서 해결해 봄으로써 문해력 신장 및 독해 능력 향상에 도움을 준다.

2번 문제와 같이 신문기사를 요약하는 문제는 다음 예시에서도 확인 할 수 있듯이 고정된 문제이다. 자신이 읽은 글을 자신의 언어로 정리함으로서 글의 맥락을 이해했는지 점검할 수 있다. 이 문제를 해결하기 위해서는 꾸준한 연습이 필요하다. 우수한 학습능력을 보여주는 친구들도 처음에는 자신의 언어가 아닌 기사 본문을 그대로 베끼는 모습을 보여준다. 꾸준한 교정노력을 통해 바람직한 요약 방법을 스스로 터득할 수 있다.

3번 문제는 내용일치 문제이다. 형식을 바꾸어 추론문제 등 기타 다른 문제로 제시 가능하며 교사가 제작시간이 부족할 경우에는 생략하고 함께 신문을 읽는 시간에 확인해도 된다.

4번·5번 문제는 교과 각론을 적용한 문제다. 교과 각론은 복습 위주로 적용시키면 효과가 좋다. 실생활과 관련된 문제들이기 때문에 학생들이 지금 배우는 지식들이 결코 삶과 관련없지 않으며 세상을 이해하기 위해서는 교육과정에 충실해야 함을 인식시킬 수 있다. 교사가 문제제작에 시간이 오래 걸리거나 적용할 각론 내용은 없으나 기사 내용이 좋다면 생략하는 것도 좋은 방법이다. 각론을 적용할 기사들은 검색하면 매우 많이 있고, 문제 제작에 시간이 오래 걸리면 학생들 또한 빨리 지칠 수 있기 때문이다.

6번 문제는 논술문제 신문논술의 하이라이트 부분이다. 학생들은 글쓰기를 정말 싫어한다. 수학 공식을 적용해서 푸는 것보다 글쓰기를 더 싫어한다. 글쓰기가 정확한 한가지 답이 나오는 수학문제에 비해 부담스러운 것은 사실이다. 하지만 이는 학생들이 많이 써보지 않았기 때문이다. 처음엔 쉽고 재미있는 주제로 선정하고, (예시의 주제는 학년 말 즈음에 쓸 수 있는 주제다.) 함께 글감을 찾는다. 아마 글쓰기에서 학생들에게 가장 어려운 부분은 무엇을 써야 할지 모르는 것이다. 마인드맵과 같은 활동으로 글감을 함께 찾고 개요를 작성하는 활동을 통해 일련의 수학 문제를 해결하는 방법과 같은 글을 쓰는 방법을 연구한다. 수학은 짧은 문제를 해결하기 위해 노트에 식을 필기하고 푸는 흔적을 남기는데, 학생들의 글쓰기에는 전혀 그런 것이 없다. 일종의 자신감의 표현일까? 아니다. 그렇게 작성된 글을 보면 그렇지 않다. 쓰는 방법을 잘 몰라서이다. 글쓰기를 많이 해보지 않았거나 글쓰기를 싫어하는 친구들은 높은 확률로 위와 같은 개요 작성 과정을 생략한 채 바로 글을 작성하려고 한다. 그렇게 하면 글 초반에 본인의 관련 지식을 모두 쏟아 붓고 글 중반부터 장렬하게 논리적 모순을 맞이하며 지우개로 몇 번 지우다가 글을 마무리하는 비극을 맞이할 수 있다. 글쓰기를 어려워하는 학생들을 위해 꼭 글감을 함께 찾고 개요를 작성하는 연습을 할 수 있도록 한다.

채점은 선생님들에게 힘들고 어려운 과정이다. 각론과 관련된 문제들을 교사가 채점할 수 있지만 이 과정이 힘에 부친다면 다음 파트에서 소개할 '학급정부-교육부편'을 활용해 보자. 논술 채점에 더 힘을 쏟을 수 있다. 논술 채점에서 유의할 점은 '어떻게 학생들이 자신감을 가지고 양질의 글을 쓸 수 있게 만드는가'이다. 일단 학생들의 자신감을 고취시키기 위해 글쓰기 초반에는 너무 많은 첨삭을 지양한다. 학생들도 본인들의 글에 많은 오류가 있음을 알고 있다. 이를 처음부터 모두 지적하려고 하면 교사도 학생도 지치게 된다. 큰 오류부터 서서히 교정해 나가면 학생들이 자신감을 잃지 않고 계속 도전할 수 있다. 양질의 글은 그러한 자신감에서 나오게 된다. 본인의 논술 실력이 계속하여 향상된다는 믿음과 그로 인한 자신감, 꾸준한 신문 독해로 인한 배경지식 함양은 학생들을 계속 발전할 수 있게 한다.

위의 문제를 모두 해결하였는가?

글의 분량이 적절한가?

서론이 구체적인가?

글의 연결이 매끄러운가?

이유 3가지를 제시했는가?

이유를 설명할 수 있는 문장이 있으며 그 내용이 적절한가?

글의 내용을 종합하여 정리하고 있는가?

글의 내용이 논리적인가?

문제의 해결방법이 독창적이며 참신한가?

위와 같은 채점표를 논술 문제 말미에 삽입하면 학생들의 자기 점검도 가능하고 교사의 채점방향도 설정할 수 있으므로 채점의 객관성도 유지할 수 있다.

"'단짠단짠' 음식은 할인을 금지합니다!"

기사입력 2020.08.06. 오전 8:00 최종수정 2020.08.06. 오전 8:13
기사원문 스크랩

(서울=연합뉴스) '원 플러스 원(1+1) 판매', '한 개 가격으로 두 개를 살 수 있는 기회' 마트나 편의점, 온라인몰 등에서 흔히 볼 수 있는 판촉 문구인데요. 그러나 영국의 식료품점이나 패스트푸드점에서는 이 같은 덤 상품을 만나기 힘들어질 전망입니다.

영국 ㉠정부가 최근 "몸에 좋지 않은 식품의 판촉활동을 제한하겠다"는 계획을 발표했기 때문입니다. 지난달 27일(현지시간) 영국 정부는 국민의 비만 문제를 해결하기 위한 각종 안을 내놓았는데요. ㉡"영국 성인의 63%가량이 적정 체중 이상이며, 이들 중 절반가량은 비만이다" -후략-

1. 중요부분을 찾아 밑줄 그으시오.

2. 신문기사를 요약하시오.(국어 1학기 2. 이야기를 간추려요)

3. 기사의 내용으로 미루어보아 틀린 내용을 모두 고르시오.

① 영국 정부는 최근 몸에 좋지 않은 식품의 판촉활동을 제한하겠다는 계획을 철회했다.

② 여러 대학들의 연구 결과 비만이 코로나19 감염의 위험성을 높인다고 밝혀졌다.

③ 영국의 총리는 코로나 19에 감염된 적이 있다.

④ 정크푸드의 1+1 묶음 판매는 금지된다.

⑤ 저녁 9시 이후 고지방, 고당분, 고염분 식품의 광고를 금지하였다.

⑥ 영국은 성인들이 아이들보다 적정 체중을 잘 유지하는 것으로 알려져 있다.

⑦ 이와 같은 영국정부의 정책에 대체적으로 환영하는 분위기이다.

4. 다음은 기사에 등장한 영국에 대한 설명입니다. 빈칸을 채우시오.
   (잘 모르겠으면 교과서를 찾아보는 습관을 기릅시다.)
   (사회 2학기 1단원. 세계 여러나라의 자연과 문화)

영국	
위도와 경도 :	
소속 대륙 :	

기후 특징 (3가지 이상)
1.
2.
3.
기후 특징 (2가지 이상)
1.
2.

5. 영국의 성인 인구수가 대략 3천 700만 명이라고 가정하였을 때 대략 몇 명이 적정 체중 이상이라고 판단 할 수 있는가?

   (ⓒ을 참고하여 해결하시오. 백분율, 분수의 나눗셈)

   풀이 :
   답 :

6. ㉠은 삼권분립 기관 중 하나입니다. 나머지 두 기관의 명칭과 각각의 기관이 하는 일을 쓰시오.

   (사회 1학기 1단원. 우리나라 민주주의의 발전)

   삼권분립 기관 명칭 :   삼권분립 기관 명칭 :
   하는 일 :   하는 일 :

7. 영국 정부의 비만관리정책에 대한 여러분의 주장이 담긴 논설문을 쓰시오.

   (주장은 찬성과 반대로 나눌 것. 각 근거가 각기 다른 내용일 것. 근거마다 예시나 설명을 자세하게 쓸 것. 어려운 말 - 본인도 모르는 말은 가급적

쓰지 말 것. 상대방을 설득할 수 있는 논리적인 글일 것. 글자수의 합이 총 500자 이상이 되게 할 것. 띄어쓰기 포함입니다.)
(국어 2학기 3단원. 주장하는 글을 써요.)

논술문제에서 조건을 주렁주렁 달아 놓은 이유는 학생들이 써 놓은 글을 처음으로 채점을 하면 바로 깨달을 수 있다. 양비양시론, 근거중복, 뒷받침문장의 부재, 멋지게 글을 쓰고 싶은 욕심 등 다양한 문제점들을 억제하기 위한 수단이다. 학생들의 많은 글들을 채점하면서 느끼고 생각한 부분에 대해 몇가지 나누고자 한다.

양비론·양시론 – 생각은 여러 가지일 수도 있으나 본인의 주장을 본인이 반박하는 사태를 막기 위해서는 주장을 한가지로 설정하여 글을 작성하게 하는 연습이 꼭 필요하다. 자신감이 부족한 학생들은 본인의 주장에 대한 허점을 본인이 짚는다. 그에 대해 논리 정연한 설명이 있으면 모를까, 대부분 자기반성으로 글을 마무리 한다. 자신감을 갖고 자신의 생각을 주장할 수 있도록 교정해주고 독려했을 때 이와 같은 문제가 사라졌다.

근거중복 – 쓸 내용이 없을 때 많이 보이는 행동이다. 정확히 같진 않지만 결국은 같은 근거로 주장을 뒷받침한다. 개요를 미작성하거나 글감이 없을 때 보이는 문제이므로 교사와 함께 개요를 작성해 보며 해결한다.

뒷받침문장의 부재 – 이 또한 쓸 내용이 없을 때 보이는 행동이다. 마인드맵과 같은 글감찾기 활동이나 인터넷 검색, 책 찾아보기 등 배경지식을 넓히는 활동들을 통해 이와 같은 어려움을 해결하도록 유도한다.

멋있게 글을 쓰고 싶은 욕망 – 일부 아이들은 어려운 말이 들어간 글을 잘 쓴 글이라고 오해하기도 한다. 그래서 본인도 이해하지 못하는 개념이나 단어들을 글에 인용하는 경우가 많다. 잘 쓰고 싶은 마음은 이해하지만 이는 결국 글의 전체적인 통일성을 해치고, 나아가 논리적 결함도 유발한다. 작성자에게 무슨 내용인지 물어봐도 결국 잘 모른다는 답변만 돌아온다. 작가도 모르는 내용이 작가가 쓴 글에 있다는 것은 모순이다. 학생들에게 개념이나 단어의 뜻을 질문해보고 이를 대답하지 못한다면 학생들이 본인이 설명할 수 있는 수준의 단어나 문장으로 고쳐서 쓰도록 교정해준다.

2. 교과교육

    신문에는 교과 각론을 잘 적용할 수 있다. 특히 사회 교과와 관련된 내용들을 쉽고 간편하게 찾을 수 있다. 다음 예시들은 6학년 1학기 사회 1단원 내용들을 주제로 한 신문기사이며 사회면에서 이와 같은 기사들을 쉽게 찾을 수 있다. 기사들은 보통 경제, 사회(교육, 환경 등), 국제, 과학 등으로 분류되어 있는데, 이를 잘 활용하면 각 과목의 각론 내용과 관련된 기사들을 검색할 수 있다.

대법 "저수지 옆 분뇨시설 불허 처분은 관할청 재량"

기사입력 2021.04.09. 오전 6:00

(서울=연합뉴스) 민경락 기자 = 주민들이 생활용수로 쓰는 저수지 인근에 가축분뇨 정화시설을 설치하겠다는 신청을 불허한 것은 환경피해를 우려한 관할 관청의 재량으로 봐야 한다는 대법원 판단이 나왔다.

㉠대법원 3부(주심 민유숙 대법관)는 가축분뇨 배출시설업자 A씨가 ㉡강진군수를 상대로 낸 건축허가신청 반려 처분 취소소송 상고심에서 원고 승소로 판결한 원심을 깨고 사건을 광주고법으로 돌려보냈다고 9일 밝혔다. -후략-

1. ㉠은 삼권분립 기관 중 어느 곳에 속하는지와, 하는 일 3가지는 무엇인지 쓰시오.(사회6-1-1. 우리나라의 정치발전)

   삼권분립기관 – 하는일
   1.
   2.
   3.

2. 다음 법원에서 하는 일 중, 기사의 사건은 어떤 갈등을 해결하는 역할을 하고 있나요? (사회6-1-1. 우리나라의 정치발전)

   ① 사람들 사이의 다툼
   ② 법을 지키지 않은 사람을 처벌
   ③ 개인과 국가, 지방 자치 단체 사이에서 생긴 갈등

3. 위 기사의 A씨가 강진군을 상대로 낸 소송을 ○○소송이라고 합니다. ○○은 무엇입니까? (사회6-1-1. 우리나라의 정치발전)

4. ㉡의 사람은 삼권분립 기관 중 어느곳에 속하는지와, 하는 일이 무엇인지 쓰시오.(사회6-1-1. 우리나라의 정치발전)

   삼권분립기관 – 하는일
   1.
   2.
   3.

5. ㉡처럼 지역의 주민이 직접 선출한 대표들이 그 지역의 일을 직접 처리하는 제도의 이름은? (사회6-1-1. 우리나라의 정치발전)

6. 1심과 2심 그리고 마지막 대법원의 판결이 다른 이유를 쓰고, 이렇게 한 사건에 3번 재판을 받을 수 있게 하는 제도가 필요한 까닭을 법원이 하는 일과 연관지어 쓰시오. 기사에 나온 삼권분립의 예를 찾아쓰고, 삼권분립이 필요한 이유에 대해 서술하시오.

동물학대 제재강화 – 맹견 사육허가제···동물보호법 개정안 국회 통과(종합)

기사입력 2022.04.05. 오후 4:06 기사원문 스크랩

(서울=연합뉴스) 정아란 이영섭 기자 = 앞으로 맹견을 사육하려면 시·도지사의 허가를 받아야 한다. 또 현행법상 맹견에 해당하지 않는 견종도 ①기질 평가를 거쳐 맹견으로 지정될 수 있다. 아울러 동물학대 행위자에 대한 제재도 한층 강화된다.

㉠농림축산식품부는 5일 이런 내용을 ②골자로 한 동물보호법 전부 개정안이 국회 본회의를 통과했다고 밝혔다. 개정안에는 개물림 사고를 예방하기 위해 맹견사육 허가제를 도입하는 내용이 담겼다.

맹견을 사육하려는 사람은 시·도지사의 허가를 받아야 하며, 이때 기질 평가를 통해 판단된 해당 맹견의 공격성 등을 토대로 사육허가 여부가 결정된다. –후략–

1. 중요부분을 찾아 밑줄 그으시오.

2. 다음 번호에 해당하는 단어를 찾아 쓰고, 그 뜻을 찾아 적으시오.

    ①
    ②

기사를 읽고 다음 물음에 답하시오.

3. 국회에서 이번에 개정한 법의 이름은?

4. 국회에서 하는 일 3가지를 쓰시오.

5. ㉮는 삼권분립 기관 중 어느 곳에 해당되는가?

6. 위 5번에 해당하는 기관이 하는 일을 쓰시오.

7. ㉠의 기관이 하는 일을 3가지 정도 기사에서 찾아 쓰시오.

8. 개정된 법안에서 기존과 달라진 내용 3가지를 찾아 쓰시오.

9. (※창의력문제) (참신함 요망)
   여러분은 어떤 반려동물을 키우고 싶나요? 본인이 키우고 싶은 반려

동물 한가지를 선택하고 그 이유를 세가지 써 보시오.(뒷받침 문장 필수, 500자 내외)

어휘력 문제를 통해 어휘력을 신장시킬 수 있도록 한다. 먼저 글의 맥락을 통해서 단어의 뜻을 유추해 볼 수 있게 하고 정확한 뜻을 함께 찾아본다. 실제로 쉬운 어휘도 잘 모르는 경우가 많고 다른 뜻으로 오해하는 경우도 있기 때문에 기사를 선정하고 읽어 볼 때 꼼꼼히 검토하여 문제로 제시한다. 위와 같은 단어들을 모아 일 년에 한번 혹은 한 학기에 한 번 어휘력 퀴즈를 하면 어휘력도 신장되고 지난 신문 논술 학습지도 다시 읽게 되어 문해력 신장의 효과도 노릴 수 있다.

가끔은 뻔한 답이 나오는 문제 대신 위의 논술 문제처럼 창의력을 요하는 문제를 제시한다. 틀에 박힌 생각에서 벗어나 자유로운 상상을 하며 기존 상식의 틀을 깨보는 활동을 통해 창의력을 신장시킨다. 의외로 학습능력이 우수한 몇몇 학생들이 어려워하는 경향을 보인다. 창의성이 중시되는 미래사회를 대비하기 위해서 위와 같은 창의력 문제들을 출제하여 학생들이 긴장하게 만들도록 한다.

국민건강 위한 세금이라는데…콜라가 비싸지면 덜 마실까

기사입력 2021.03.29. 오전 8:00 최종수정 2021.03.29. 오전 8:03 이은정 기자 권예빈 인턴기자

(서울=연합뉴스) "국민의 식습관 개선을 유도해 당뇨·비만·고혈압 등의 질병을 예방하고 국민 건강 증진에 이바지하기 위함." 강병원 더불어민주당 의원은 최근 가당 음료를 제조·가공·수입·유통·판매하는 자에게 부담금을 부과하는 '국민건강증진법 일부개정법률안'을 대표 발의하면서 취지를 이렇게 설명했습니다.

당류가 첨가된 음료에 국민건강증진 부담금을 부과하는 일명 '설탕세'. 개정안에 따르면 당류 첨가 음료에는 당류 함량에 따라 100ℓ당 최소 1천 원에서 최대 2만 8천 원의 부담금이 부과됩니다.

이를테면 ㉠100㎖당 11g의 당류가 들어간 코카콜라 1ℓ에는 110원의 건강부담금이 붙게 되는데요. 당류 함량이 높을수록 부담금도 더 커지는 식이죠. ―후략―

1. 중요부분을 찾아 밑줄 그으시오.

2. 신문기사를 요약하시오. (국어6-1-2. 이야기를 간추려요)

3. ㉠을 참고하여 당류 1g당 건강부담금을 산출하시오. (수학6-1-4. 비와 비율)

　　풀이 ―

4. 설탕세의 찬성 반대 의견을 각각 요약 정리하시오. (국어6-1-2. 이야기를 간추려요)

찬성 –

반대 –

수학도 위와 같은 형식으로 문제를 출제하면 학생들이 '수학은 배워서 어디에 써먹어요?'라는 말을 할 수 없다. 결국 본인의 경제 사정과 연결되는 문제이기 때문이다. 공부에 큰 관심이 없는 친구도 금전과 관련된 문제, 특히나 본인의 금전과 관련된 것이라면 신경 쓰이기 마련이다. 위와 같은 문제들로 학생들의 학습의욕을 자극한다.

국민적 이슈에 대한 자신의 생각을 정리하면서 토론·토의 수업도 가능하다. 일차적으로 자신의 주장과 방향성을 설정하고, 하교 후 추가 정보를 수집한 다음 토론·토의 활동을 수행한다면 양질의 토론이 이루어질 수 있다. 또한 정규 방송 혹은 뉴스에도 다루어지는 사안이라면 가족 모두 이와 관련하여 생각해 볼 수 있다. 실제로 학부모들로부터 이와 관련하여 가정에서도 토론·토의가 활발해졌고 덕분에 가족간 대화가 많이 늘었다는 피드백을 많이 받았다.

청소년 68% "남북통일 필요"…시기는 '20년 후' 많이 꼽아

송고시간 2020-05-28 11:46 청소년정책연구원 설문조사 결과…응답 청소년 74% "북한 청소년과 교류 필요" (서울=연합뉴스) 오예진 기자

우리나라 청소년 셋 중 두 명 정도는 남북통일이 필요하다고 생각한다는 연구 결과가 나왔다. −중략−

연구는 전국 초·중·고등학교 학생 3천 228명을 설문조사하는 방식으로 이뤄졌다. −중략−

청소년들은 남북통일의 필요성에 대해 67.8%가 '필요하다'고 응답했다. 이유로는 '국력이 더 강해질 수 있어서'(28.8%)라는 답변이 가장 많았다. −후략−

1. 중요부분을 찾아 밑줄 그으시오.

2. 각 문단을 요약하시오.(각 문단 끝에 요약 내용을 적으세요.)

3. 신문기사를 요약하시오.(2. 이야기를 간추려요)

4. 여러분은 통일에 대해서 어떻게 생각하고 있습니까? 자신의 주장을 3가지 근거를 들어 논설문 형식의 글을 써 봅시다.
(서론, 본론, 결론의 양식을 갖출 것. 관용표현을 하나이상 넣을 것 − 국어 2학기 2단원 관용표현을 활용해요. 논리적인 글일 것. 감정을 뺄 것. 최소 500자 이상일 것.)
(사회 2학기 2단원. 통일한국의 미래와 지구촌의 평화)

교과서에 제시된 내용과 관련한 다양한 설문 및 여론조사 결과를 참고하여 교육에 활용할 수 있다. 교사와 함께 정보를 비판적·객관적으로 수용하는 연습을 통해 다양한 통계자료를 추론해보며 사회를 읽는 눈을 형성한다.

3. 역사 교육

신문의 뜻은 새로운 글이라는 것이다. 새로운 정보, 사건 등을 담은 것이 신문이지만 역사와 관련한 기사들도 많이 있다. 이와 같은 기사들을 역사 교육에 유용하게 활용할 수 있다. 아래의 기사는 6학년 사회 1단원과 관련된 기사문으로 교과내용과 관련하여 훨씬 구체적인 내용을 다루고 있다. 객관적 사실들을 바탕으로 한 기사들로 학생들의 지적 호기심을 충족시켜 줄 수 있다.

〈5·18 30주년〉-한국 민주화의 원동력

기사입력 2010.05.09. 오전 8:30 최종수정 2010.05.09. 오전 10:27
-중략- 그들의 희생은 헛되지않았다. 1980년대 이후 빠른 속도로 발아한 민주화 운동의 밑거름이 되었음은 물론 필리핀 등 아시아 각국의 민주화 운동에도 커다란 영향을 주었다.

10일간 무슨 일이 = 신군부는 1979년 10·26 이후 민주화에 대한 열망으로 전국이 시위로 들썩이던 '서울의 봄'을 이듬해 5월 17일 비상계엄 확대 조치로 잠재웠다. 전국이 숨을 죽이고 군부의 동태를 주시하고 있었으나 광주에서만은 저항이 뜨거웠다. 5월 18일 오전 전남대 정문 앞에서 학교에 들어가겠다는 학생과 휴교령에 따라 교내 진입을 막는 군 사이에 최초의 대치상황이 벌어졌다.

학생들은 군홧발로 짓밟는 군에 쫓기며 광주 동구 금남로로 진출했고, 시위대가 늘어나자 군은 이른바 '화려한 휴가'라고 불리는 진압작전에 들어갔다. 군의 마구잡이식 체포에도 다음날 금남로 일대에는 시위자들이 속속 모여들었다. 간밤에 들어오지 않은 자식을 찾으러 나온 사람들도 많았다. 군의 과잉진압에 분노한 시민들의 시위도 점차 공세적으로 변했다.

19일 오후 동구 계림동에서는 멈춰선 장갑차를 에워싼 시민 중 1명이 장갑차에 뛰어오르자 안에 있던 군인이 M16 소총을 발사했다. 투입된 공수부대에 맞아 죽을지도 모르는 극도의 공포 분위기 속에서도 시민들의 기세는 꺾이지 않았다. 20일 오후 무등경기장 앞에서 벌어진 택시기사들의 차량시위는 투쟁 분위기를 한껏 드높였다.

심야시위가 벌어지자 군은 21일 오전 20사단 병력을 광주로 투입하고 가스 살포용 헬리콥터까지 동원했다. 이어 오후 1시께 옛 전남도청에서 애국가를 신호로 군은 금남로의 군중을 향해 집단발포했다. −후략−

1. 기사를 요약하며 5·18 민주화 운동의 전개 과정을 서술하시오

    ① 1980. 5. 17. 비상계엄 확대 → ②
→ ③   → ④
→ ⑤   → ⑥
→ ⑦   → ⑧
→ ⑨   → 6·29 민주화 선언

[부마항쟁 40년] 유신독재 맞선 민주화 함성 '신새벽을 열다'

송고시간2019-07-17 09:01 pitbull@yna.co.kr

(부산=연합뉴스) 김재홍 기자 = "유신철폐 독재 타도", "민주주의 신새벽 여기서 시작하다." 부산대 교내 부마항쟁 발원지 표지석에 적힌 글이다. 올해로 40주년을 맞는 부마항쟁(1979년 10월 16~20일)은 박정희 유신독재 ①종지부를 찍고 우리나라에 민주주의를 오게 한 ②시발점으로 평가받는다.

서슬 퍼런 유신체제는 불과 닷새간 이어진 이 민주화운동으로 역사의 저편으로 사라졌다. 부마항쟁 발단이자 배경은 1972년 10월 17일 '10월 유신'으로 불리는 비상조치 발표로 거슬러 올라간다.

초헌법적 비상조치인 10월 유신 발표로 박정희 대통령은 종신집권과 제왕적 지위를 확보한다. 유신체제는 입법·사법·행정 3권을 전적으로 대통령 한 명에게 집중시켜 ③무소불위 통제와 권한을 행사할 수 있게 한 것이다. 문제는 국민 저항, 민주인사와 학생들 민주화 투쟁이었다. 유신체제 직전 학계와 언론계 심지어 사법부 등 각계 자율화 요구를 포함해 5·16 쿠데타 이후 이어진 치열한 반정부 시위는 큰 부담이자 ④종신집권을 위해 반드시 해결해야 할 난제였다. 이런 민주화 운동을 제압하지 못한다면 종신집권을 장담할 수 없었다.

그래서 나온 게 긴급조치다. 긴급조치는 국가안보를 내세우는 ⑤계엄령과는 별도로 반정부 비판을 봉쇄하기 위한 것이다. -후략-

1. 중요부분을 찾아 밑줄 그으시오.

2. 다음 번호에 해당하는 단어와 뜻을 쓰시오.

　　　①
　　　②
　　　③
　　　④
　　　⑤

3. 국가안보와 체제 안정을 위해 국민의 자유와 권리에 제약을 가하는
　 것에 대한 생각을 쓰시오.
　 (구체적일 것. 서론, 본론, 결론 갖출 것. 근거를 뒷받침하는 내용이 들어
　 갈 것. 논리적인 글일 것. 최소 500자 이상일 것.)

4. 환경 교육

　　교과서에서는 환경보호에 추상적으로 접근하고 있지만 기사문을 통해서 이를 극복할 수 있다. 막연하게 개개인의 노력이 중요한 환경보호뿐만 아니라 실천적 환경보호를 위해 국가와 기업 모두가 참여해야 함을 생각할 수 있는 계기를 마련한다. 이를 위해 생활속에서 우리가 해야 하는 일들과 기업들이 환경보호에 앞장서게 만들 수 있도록 소비자로서 우리가 해야 할 일들에 대해 생각하고 실천하게 한다.

올해 상반기 아마존 열대우림 파괴 3천여㎢…작년 대비 25% ↑

기사입력 2020.07.11. 오전 2:26　기사원문 스크랩

(상파울루=연합뉴스) 김재순 특파원 = 브라질 정부의 단속과 국제사회의 압력에도 아마존 열대우림 파괴 면적이 계속 증가하고 있다.

10일(현지시간) 브라질 국립우주연구소(INPE)에 따르면 올해 상반기 아마존 열대우림 파괴 면적은 3천 69.57㎢로 지난해 같은 기간보다 25% 늘었다. −후략−

1. 브라질 정부의 정책에도 불구하고 아마존 열대우림 파괴가 계속해서 이어진다면 어떤 일이 일어날지 예상하여 써 봅시다.

2. 아마존 열대우림 파괴에 대한 자신의 생각을 정리해 봅시다.(주장과 근거 3가지 정도가 드러나도록 써 봅시다.)

'지구의날' 51주년 기후변화주간 운영…내일 오후 8시 소등행사

송고시간 2021-04-21 12:00
개막식은 서울 코엑스서 내일 열려…온라인 강의 및 홍보 영상도 제공

(서울=연합뉴스) 김은경 기자 = ㉠<u>환경부</u>는 지구의 날(4월 22일) 51주년을 맞아 22일부터 28일까지 제13회 기후변화주간을 운영한다고 21일 밝혔다.

이번 기후변화주간 주제는 '지구 회복(Restore Our Earth) : 바로 지금, 나부터! 2050 탄소중립'이며, 우리 사회가 탄소중립 사회로 전환하기 위해 바로 지금 나부터 기후행동을 해야 한다는 의미를 담고 있다. -중략-
22일 오후 8시부터는 전국 각지의 건물에서 10분간 조명을 동시에 끄는 소등 행사를 진행한다.

1. 중요부분을 찾아 밑줄 그으시오.

2. 신문기사를 요약하시오.(국어6-1-2.이야기를 간추려요)

3. ㉠은 삼권분립 기관 중 어느 곳에 해당되며 어떤 일을 하는 곳인가?(사회6-1-1.우리나라의 정치발전)

4. 지구의 날 51주년 행사에 우리가 참여할 수 있는 방법을 모두 쓰시오.(사회6-1-1.우리나라의 정치발전)

5. 지구의날 51주년을 맞이하여 탄소중립을 실천하기 위해 생활속에서 우리가 할 수 있는 일에 대하여 생각해 봅시다. 기사를 참고하여 지구의 날의 의미를 설명하고, 지구의 날을 맞이하여 자신이 할 수 있는 일들과 그 일을 하면 좋은 점들을 써 봅시다.

(각 3가지씩. 서론, 본론, 결론의 양식을 갖출 것. 논리적인 글일 것. 최소 500자 이상일 것.)

(6-1-4 주장과 근거를 판단해요)

일회용 빨대·즉석밥 용기는 재활용이 안 된다고요?

기사입력 2020.11.30. 오전 7:00 최종수정 2020.11.30. 오전 7:17

(서울=연합뉴스) 한국에서 1년간 쓰는 플라스틱 컵 33억 개, 비닐봉지 235억 개, 생수 페트병은 49억 개. 우리 생활 속에서 분리배출이 일상화된 지 오래지만 과연 재활용은 잘되고 있을까요?

일회용 빨대, 즉석밥 그릇, 플라스틱 포크. 다음 중 재활용이 가능한 물건은 어떤 것일까요? 정답은 "모두 재활용이 안 된다"입니다. 그동안 분리수거함에 넣어 왔던 컵라면 용기와 일회용 포크, 즉석밥 용기, 종이컵, 일회용 빨대 등은 재활용이 안 되는데요.

이들이 재활용될 수 없는 대표적인 이유는 '크기'와 '소재' 때문입니다. 일회용 빨대나 포크처럼 크기가 너무 작거나 컵라면 용기, 종이컵처럼 두 가지 이상 소재가 섞인 경우엔 종량제 봉투에 넣어 버려야 합니다.

-후략-

1. 기사에서 사람들이 재활용 분리배출 시 주로 실수하는 부분을 2가지 찾아 쓰시오.

위의 기사 예시에는 우리가 미쳐 몰랐던 재활용을 올바르게 하는 다양한 방법들이 제시되어 있다. 또한 환경을 생각하는 현명한 소비자로서 올바른 소비 활동을 위해 어떤 소비를 해야 하는지도 명시되어 있고, 기업들 또한 올바른 재활용 문화를 정착시키기 위해 제품 생산 단계에서부터 재활용이 용이하도록 노력해야 한다는 점을 담고 있다. 기사를 접한 학생들 대부분은 잘 몰랐었다는 반응이 대부분이었으며, 이를 통해 재활용을 올바르게 하는 방법을 알게 되었다고 말했다. 또한 이와 같은 내용을 각 가정에 전파함으로 인하여 실제로 환경보호에 도움을 주는 것은 두말할 필요도 없다. 환경관련 기사문 하나가 교과서에서 배울 수 없는 부분을 충족시켜 주는 학습자료 역할을 톡톡히 해낸 것이다.

5. 토론·토의교육

　신문기사를 활용하면 최신의 토론·토의 주제를 접할 수 있다. 학생들이 재미있어 하고 흥미로워하는 주제를 선택하여 토론학습에 활용해보자. 최신의 뉴스이기 때문에 학생들과 관련성이 매우 높으며 그렇기 때문에 학생들 입장에서도 자신의 생각을 말하기 수월하다. 철학적인 내용도 좋지만 토론 초심자에게는 본인 주변에서 일어나는 논쟁거리만큼 토론에 좋은 주제는 없다. 주제를 잘 선택하면 학생들은 교과서에서 제시하는 일반적인 토론주제들보다 훨씬 열정을 가지고 참여하며 양질의 토론을 이끌어 낼 수 있다.

"내 몸에 내가 한다는데…" 울동네 공무원이 문신했다면?

기사입력 2020.10.17. 오전 8:00 최종수정 2020.10.17. 오전 8:02 기사원문 스크랩

(서울=연합뉴스) 얼굴, 팔, 혀는 물론 눈까지 타투로 물들인 교사. 프랑스 파리의 한 초등학교에서 근무하고 있는 실뱅 엘렌 씨입니다. 학생들에게 보통 사람과 다른 모습을 한 사람도 받아들여야 한다는 교훈을 주고 싶었다는 게 그의 주장.

하지만 어린 자녀를 둔 학부모들은 아이들이 밤에 악몽을 꾼다며 교육당국에 민원을 제기했고, 결국 6세 미만 유치원생의 수업은 맡을 수 없게 됐습니다. −중략−

㉠공무원의 문신에 대해 개인의 신체적 자유냐, 품위유지 위반이냐를 두고 누리꾼 의견도 팽팽히 맞서고 있는데요. 유독 공무원만 제한하는 것은 형평성에 어긋난다는 지적도 있지만, 지나친 문신은 신뢰감을 떨어뜨린다는 비판론도 만만치 않습니다. -후략-

1. 개인 신체 표현의 자유냐, 품위유지냐와 관련하여 문신에 대한 의견이 엇갈리고 있습니다. 기사를 읽고 ㉠에 대한 자신의 생각을 주장하는 글의 형식으로 쓰시오.
    (서론, 본론, 결론의 양식을 갖출 것. 논리적인 글일 것. 최소 500자 이상일 것.)

우리 부모님도 이만큼 못받는데…흉악범은 다 줘야할까

기사입력 2021.02.09. 오전 7:00 최종수정 2021.02.09. 오전 7:02
기사원문 스크랩

(서울=연합뉴스) 기초연금 30만 원, 생계급여 62만여 원, 주거급여 26만여 원을 합쳐 대략 120만 원. 지난해 12월 석방된 뒤 기초생활보장수급자로 지정된 아동성범죄자 조○○이 매달 받는 돈인데요. 조○○ 부부를 복지급여 대상자로 선정한 안산시청 게시판에는 성난 시민들의 외침이 가득합니다. -중략-

현행법으로 조○○에 대한 복지급여 지급을 막을 방법은 없습니다. -중략-

범죄예방 차원에서라도 출소 후 복지지원이 필수적이라는 분석도 나옵니다. −중략−

이제 이웃으로 돌아오는 '제2, 제3의 조○○'에게 얼마만큼의 생활 수준을 보장해야 할 것인지는 복지국가를 꿈꾸는 우리 사회의 숙제로 남았는데요. −후략−

1. 끔찍한 범죄를 저지르고 교도소를 출소한 범죄자에게 국민들의 세금으로 주어지는 복지급여를 지급하는 것에 대한 자신의 주장을 쓰시오. (서론)
   자신의 주장에 대한 근거를 3가지 들고 각각의 근거를 설명하시오. (본론)
   자신의 의견을 정리하며 글을 마무리하시오. (결론)

감정적으로 한쪽 의견에 치우치지 않게 하기 위해 찬성과 반대 주장 모두 살피도록 하고 이와 관련하여 충분한 논의 후 자신의 주장을 설정하도록 한다. 논리가 아닌 감정에 치우치게 되면 올바른 토론을 진행하기 어렵기 때문이다. 학생과 교사가 충분한 논의를 거친 후 본인의 주장을 설정하고 이를 바탕으로 감정이 아닌 논리적 근거를 세워 주장을 뒷받침할 수 있도록 한다.

6. 세계 시민 교육

　세계와 관련된 지식과 교과내용은 6학년 2학기 사회교과서에서 찾아 볼 수 있다. 이 말은 6학년 2학기 이전에는 그와 관련된 내용을 접하기 어렵다는 뜻이다. 그렇기 때문에 신문을 통해 세계의 다양한 소식들을 나누고 접할 수 있는 기회를 마련할 수 있다. 세계의 다양한 소식들을 접하고 그들의 문화를 이해하며 바람직한 세계 시민의 자세를 지닐 수 있도록 한다. 6학년 학생들에게는 교과내용을 접목하여 더 심화시킬 수 있는 기회이므로 다양한 국가의 다양한 소식들을 통해 여러 국가의 지정학적 특징이나 기후, 생활, 문화 등을 탐구할 수 있는 기회를 제공한다.

캐나다 원주민 총독 탄생…공식 국가원수 영국여왕 대행한다

송고시간2021-07-07 08:42

(서울=연합뉴스) 박대한 기자 = 과거 원주민 기숙학교를 둘러싼 '어두운 과거'가 속속 드러나고 있는 캐나다에서 처음으로 원주민 출신 총독이 임명됐다. -중략-

사이먼 총독은 영어와 ㉠이누이트족 언어에 능통하지만, 연방 통학학교에 다닐 때 불어를 배울 기회는 없었다고 밝혔다. ㉡캐나다에서는 영어와 불어가 공식 언어인 만큼 둘 다 능통하지 않은 총독은 드물었다.
그녀는 자신이 총독에 지명되는 역사적인 일은 "화해를 향한 긴 여정으로 나아가기 위한 중요한 걸음"이라며 "이는 보다 포괄적이고 공정한 캐나다 사회를 위한 것"이라고 말했다. −중략−

사이먼 총독 임명은 최근 캐나다에서 과거 원주민 기숙학교에 다니던 아동 유해가 대거 발견되면서 영국 여왕에 대한 반발마저 나오는 가운데 이뤄졌다. −중략−

일부 시위대는 엘리자베스 2세 영국 여왕과 빅토리아 여왕 동상을 쓰러뜨리기도 했다. ©⟨영국 여왕이 명목적으로나마 국가수반을 맡는 것⟩은 식민지배 잔재라는 주장이다. −후략−

1. 오늘의 신문 기사에 나온 영국과 프랑스의 위치를 찾아 표시하시오.

2. 캐나다와 영국은 각각 어떤 대륙에 속해 있는지 쓰시오.

　　캐나다 −
　　영국 −

3. ㉠의 특징을 사회 교과서에서 찾아 쓰시오.

4. ㉡을 통해 알 수 있는 캐나다의 특징을 추론하시오.

5. 괄호 ㉢을 통해 알 수 있는 사실을 추론하시오.

6. 어느날 눈을 떠보니 여러분은 왕이 되어 있습니다. 여러분의 왕국은 여러분과 같은 언어와 피부색이 같은 이민자 5천명과 피부색 및 언어가 다른 원주민 5만명으로 구성되어 있습니다. 경제와 산업은 어려움에 처해있지만 대부분의 부富는 이민자들에게 집중되어 있습니다. 교육, 의료, 법률 서비스 또한 이민자들에게 편중되어 있고 대다수의 원주민들은 위와 같은 서비스에 접근하기 어려운 상황입니다. 이러한 상황으로 인하여 원주민들과 이주민들의 갈등은 극에 달한 상태이며 지난주 이주민에 대한 원주민의 테러로 수많은 사상자가 발생하였습니다. 여러분은 이 나라의 국왕으로, 테러에 대한 성명을 발표하기 위해 기자회견장에 섰습니다. 이 곳에서 여러분의 국정운영에 대한 발표를 할 예정입니다. 위의 상황을 참고하여 이민자와 원주민의 갈등을 줄일 수 있는 방법 세가지를 제시하여 발표문을 작성하시오.
   (주장에 대한 근거 및 설명을 써 주세요. 논리적인 글일 것. 발표문 형식을 지킬 것. 최소 700자 이상일 것.)

　　논술 문제를 위와 같이 자세하고 구체적인 상황을 제시하면 학생들이 보다 상황에 몰입하게 되어 재미있다는 반응을 보였다. 흥미로운 상황을 연출하고 이를 전제로 글을 쓰면 글쓰는 시간을 보다 유익하게 받아들일 수 있다.

　　학생들에게 백지도를 나눠주고 신문에 등장하는 국가를 찾아 표시하도록 한다. 매 신문에서 제시되는 각 국가의 위치와 지형을 확인함으로서 지형적 위치적 특징과 기후를 이해할 수 있다.

푸아그라가 참기름을 만나면…韓식자재 홍보 나선 佛미슐랭 셰프

기사입력 2021.08.31. 오전 12:15 기사원문 스크랩

(파리=연합뉴스) 현혜란 특파원 = "일단 김치는 집에서 직접 담급니다. 그리고 된장, 고추장, 간장…. 아, 한국산 버섯을 아주아주 많이 사용해요. 오미자도 디저트로 자주 내놓죠." 프랑스 파리의 ㉠미슐랭 1스타 레스토랑 '솔스티스'를 운영하는 에릭 트로숑 셰프에게 30일(현지시간)은 평소 식당에서 요리할 때 사용하는 한국 식자재가 무엇이냐고 묻자 술술 답했다. ─후략─

1. 오늘의 신문 기사에 나온 프랑스 위치를 찾아 표시하시오.

2. 프랑스는 어떤 대륙에 속해있는지 쓰시오.

3. ㉠의 의미를 기사에서 찾아 쓰시오.

4. 어느 날 여러분은 미슐랭가이드 평가위원으로 선정되었습니다. 세종시에서 활동하는 여러분은 세종시 맛집 한 곳을 골라 미슐랭 등급을 매겨야 합니다. 여러분에게 인상깊었던 식당 한 곳을 고르고 등급을 매긴 뒤 선정 이유에 대해 서술하시오.
   (제발 근거에 대한 설명을 써 주세요. 논리적인 글일 것. 본론만 쓰세요. 최소 500자 이상일 것.)

5. 기사를 읽고 여러분이 외국인 친구에게 소개하고 싶은 한식을 한가지 선정하여, 재료, 만드는 방법, 선정 이유, 음식과 관련된 자신의 스토리를 정리하여 서술하시오.
   (근거에 대한 설명을 써 주세요. 논리적인 글일 것. 본론만 쓰세요. 최소 700자 이상일 것.)

위 예시문에 제시된 미슐랭과 같은 각 국가와 관련된 일반 상식들에 대해 배우면서 배경지식을 확장할 수 있다. 배경지식의 확장은 글쓰기 능력 및 문해력 신장에 큰 도움이 된다.

"파오차이가 김치라니"…中 동북공정 맞서 우리말 지키기 움직임

기사입력 2021.02.20. 오전 6:00 기사원문 스크랩
  (서울=연합뉴스) 신다현 인턴기자 −중략−

중국 매체와 누리꾼들이 김치와 한복 등 한국 주요 전통문화가 중국에서 유래했다는 억지 주장을 잇따라 내놓자 분개한 한국 누리꾼들이 우리 문화 지키기에 나서고 있다. −중략−

중국의 '문화 동북공정'은 중국이 현재 자국 영토에서 전개된 모든 역사를 자국 역사로 편입하기 위해 2002년부터 추진한 연구 사업 동북공정을 문화 분야에 적용한 표현이다.
지난해 11월 초 중국 게임회사가 '한복이 명(明)나라 의상'이라는 자국 이용자들 주장에 동조한 것을 계기로 문화 동북공정 논란이 불거져 좀처럼 식을 줄 모르고 있다. −중략−

사이버 외교사절단 '반크'도 한국어 고유명사를 한국어 발음 그대로 해외에 알리는 캠페인을 진행하고 있다.
태권도(Taekwondo), 고추장(Gochujang), 온돌(Ondol) 등 한국 전통을 가리키는 단어를 외국어로 풀이하지 않고 고유어 그대로 사용해 이들이 한국 전통문화라는 사실을 명시적으로 보여주겠다는 취지다. −후략−

1. 주변국들의 문화 침탈상황을 간단하게 정리하고, 이에 대비하고자 여러분이 외국 친구들에게 알리고 싶은 우리나라 전통문화를 하나 선택하고, 그 이유를 쓰시오.(서론)
외국친구에게 소개하고 싶은 문화나 상품에 대한 내용을 크게 세가지로 나누어서 설명하시오.
주변국들의 문화 침탈에 대한 여러분들의 생각과 우리문화사랑에 대한 마음을 담아 글을 정리하시오.(결론)
(논리적인 글일 것. 500자 내외로 쓰시오. 띄어쓰기 포함.)

위의 기사를 통해서 세계 다양한 문화들을 받아들이는 것도 좋지만 우리의 문화를 지키는 일의 중요성을 깨닫고 우리의 것을 보존해야 진정한 세계 시민으로 발돋움할 수 있음을 인지할 수 있게 한다. 주변국들의 관계 속에서 우리가 앞으로 나아가야 할 방향과 미래에 대해 생각해 보고 이를 통해 지금 우리가 할 수 있는 일을 모색한다.

1장을 마치며

학생들의 다양한 관심사와 급변하는 세상을 교과서에 반영하기에는 한계가 있다. 매일의 이슈와 상식, 생활지식 등을 학생들에게 제시함으로써 자연스럽게 교과서 속 지식을 적용해보고, 이를 통해 사회를 이해한다면 더 이상 교과서 속 딱딱한 지식의 이해가 아닌 살아 숨 쉬는 지식이 될 것이다.

문제를 풀지 않더라도 다양한 읽기 자료를 제시하는 것만으로 충분하다. 평소에 읽을 일이 없는 신문을 학교에서 보여주고 이를 한 번 읽어 보는 것으로 학생들의 문해력 신장에 도움을 줄 수 있다. 학습만화와 만화책만 읽는 독서 편식 친구들에게 큰 도움이 될 것이다.

또한 교과서의 쓰기 내용이 재미가 없는 친구들은 자신들의 삶과 관련된 이슈들과 관련하여 자신의 의견과 목소리를 내어보는 기회를 가짐으로써 글쓰기에 대한 흥미를 고취시킬 수 있다. 재미있는 주제를 통해 재미있게 글을 쓰다보면 글쓰기를 싫어하는 학생들도 어느샌가 자신감을 가지고 참여할 수 있다. 학생들과 함께 신문을 선정하고 주제를 선정하는 작업도 굉장히 좋다. 자급자족하는 삶의 모습처럼 자신들이 읽고 해결할 문제를 직접 선정해 봄으로써 본인의 글에 대한 애정이 더 커질 수 있기 때문이다.

　신문논술은 학생들과 교사의 피로도를 고려하여 주 2회 혹은 주 3회를 권장한다. 매일 하면 지쳐서 좋은 글이 나올 수 없다. 기사를 읽고 배경지식을 늘리는 활동은 매일 해도 좋다. 매일 뉴스를 함께 하다보면 학생들이 먼저 신문기사를 찾는 기현상도 발생한다. 다양한 기사문과 다양한 생각, 정보들을 접하면서 학생들이 많이 발전하는 모습을 느꼈다. 위의 예시처럼 다양한 문항들로 학생들과 즐겁게 활동해보면서 즐거운 독해와 논술 활동을 했으면 하는 바람이다.

2장
학급 정부 운영

– 학급 정부 활동과 세상 이야기

– 삼권 분립으로 배우는 세상살이

6학년 ○○정부 조직도

대통령		대통령 비서실
김○○		김○○ 김○○

국무총리
이○○

○○국회의장 (학급회의 의장)	기획재정부	교육부	환경부	문체부	국토교통보건부	식품의약품안전처	사법부
이○○	기획재정부 장관 김○○	교육부장관 김○○	환경부장관 이○○	문체부 장관 이○○	문체부 장관 이○○	식품의약품안 전처장 이○○	판사 이○○
		김○○	송○○	김○○			판사 손○○
○○국회의원 김○○ 김○○		이○○	임○○	피○○			판사 고○○
		이○○	임○○				판사 김○○
							판사 강○○

○○은행	김○○ 최○○

초등학교 시절 담임선생님께서 학급에 각 부서를 만들어 놓으시고 종종 회의를 시키시곤 하셨다. 많은 시간이 지났지만 회의시간에 각 부서마다 반성하는 시간을 가졌던 기억이 난다. 그때의 기억 때문일까 교사로 부임하고 이와 비슷한 활동들을 하고 싶었다. 세월이 지나니 학급 경영을 위한 많은 활동들이 생겨났다. 1인 1역도 그중 하나이다. 많은 학급에서 1인 1역을 하고 있다. 1인 1역이란 보통 한 사람이 학급의 한 가지 업무를 맡아 수행하는 것을 말한다. 이러한 1인 1역에서 학생들은 자신이 좋아하는 1인 1역에 선정되면 매우 열심히 활동하지만

그렇지 않을 경우 다음 선발 시까지 힘든 세월을 보내게 된다. 1인1역을 하고는 있는데, 그런 학생들을 보며 어떻게 하면 모두가 행복한 학교생활을 할 수 있을까 고민했다.

그러던 중 어느 한 연수에서 경기도 모학교 선생님의 비법을 전수받게 되었다. 옛날 선생님께서 하셨던 활동들이 오버랩되었지만 그때 기억보다 훨씬 세련되고 체계적이었다. 그분의 학급정부 활동 이야기를 들으며 정말 대단하고 멋지다는 생각을 했고 꼭 저렇게 한번 해보고 싶다는 충동이 들었다. 그래서 자료를 요청했더니 흔쾌히 주셔서 바로 다음 학기부터 실행했다. 이제는 매해 동학년들과 연구를 거듭하여 수정에 수정을 거쳐 받은 자료가 새롭게 거듭났다.

해마다 연구를 거듭 하다보니 문득 이런 생각이 들었다. 옛날 우리 담임선생님처럼 누군가는 우리와 비슷한 활동들을 이미 하고 있었을 것이다. 그분들에게도 우리의 것을 공유하고 싶었다. 더 좋은 점이 있으면 수용하고 개선해야 할 점이 있으면 즉각 수정하여, 우리가 도움을 받은 것처럼 이 책을 읽는 누군가에게 도움이 되고 싶었다. 이 책은 우리가 이 모든 것을 만들어냈다고 소개하는 글이 아니라 우리도 지금 여러분들과 비슷한 것을 연구하고 적용하고 반성하고 있으니 좋은 점을 공유하자는 것이다. 시작하지 않은 분들은 다음 소개 부분을 읽고 좋은 점을 추려서 학급에 적용해보는 것을 추천한다. 잘 적용하면 교사와 학생 모두 만족할 만한 결과를 얻을 수 있다.

학급정부 활동을 통해서 학생들이 스스로 체득할 수 있는 기본적 사항이 있다. 이 활동의 첫 번째 핵심은 상호견제를 통한 힘의 균형이다. 학급정부에서는 각 부서가 가진 권력과 권한이 서로 다르기 때문에 서로가 서로를 견제하게 만든다. 각 부처가 가진 권력과 권한이 다르기 때문에 상호견제를 통한 힘의 균형이 이루어진다. 힘의 균형은 권력의 독점을 막고 학급 내에서 모두가 평등한 권리를 누릴 수 있게 도움을 준다. 학생들은 학급정부 활동을 통해서 견제와 균형이라는 기본적인 사회 원리를 체득하게 된다.

두 번째는 분업과 협업이다. 서로 견제하며 힘의 줄다리기가 이루어지지만 즐거운 학급을 만들기 위한 공동의 목표 아래 협업과 분업이 이루어진다. 내가 가진 권한만 믿고 다른 학생들에게 협조를 하지 않으면 본인에게 곤란한 일이 생길 수 있다. 이를 방지하기 위해 자신이 가진 권한에서 최선을 다해 업무를 수행하고, 이러한 권한을 바탕으로 다른 친구들과 일을 나누어 맡으며 때로는 협동한다.

서로 견제하며 협동하는 모순적인 상황 속에서 학생들은 다양한 정책들을 수행하며 사회의 기본 원리를 체득하고 함께 살아가는 법을 배우며 민주시민이 되기 위한 자질을 기르게 된다. 지금부터 각 부처들의 운영과 관련한 설명을 할 것이다. 이를 응용하거나 장점을 극대화시켜 각 학급에 적용한다면 장담하건대 정말 재미있는 학급을 만들 수 있을 것이다.

1. 입법부

국회

　가장 먼저 구성하는 기관이다. 학급 헌법에 따라 각 학급에서 투표를 통해 선발된 회장과 부회장으로 구성된다. 이때 회장이 국회의장직을 맡고 부회장들이 국회의원직을 맡는다. 회장은 정기회의와 임시회의를 열 수 있는 권한이 있다.

　가장 중요한 입법 활동을 수행할 수 있다. 헌법개정이나 여론에 민감한 사안은 국민투표인 학급 투표를 통해 결정하지만, 기본적인 법률을 제정하거나 개정, 삭제하는 것은 국회의원들만이 할 수 있다. 투표를 통한 선출직이며 학생들의 지지를 바탕으로 구성되었기 때문에 여론에 굉장히 민감하게 반응해야 한다.

　국정감사와 예산 심의 활동을 통해서 각 부처를 견제할 수 있다. 국회의원들은 각 부처들의 업무 현황을 보고 받거나 감시하며 국정감사를 진행할 수 있고 이를 정기 회의시간에 발표한다. 부족한 부분은 반성할 수 있고 힘든 부분은 도와줄 수 있는 부분을 찾아 함께 해결해 나간다. 예산 심의 활동에서 각 부처들의 사업현황을 보고받고 잘 수행하고 있는지 확인하며, 이를 통해 특정 부서의 예산 독점을 막고 부처간 예산이 잘 분배될 수 있도록 조율하는 역할을 한다.

　6학년 사회 1학기에 등장하는 입법부가 하는 일을 직접 수행하면서 학생들은 입법부의 존재 이유에 대해 깨닫게 되며, 이 일의 중요성을 알게 된다. 학급 대표들은 이와 같은 딱딱한 업무뿐만 아니라 학급을 위한 다양한 일을 국회의 입장에서 추진할 수 있다. 다음은 입법부에서 그동안 추진한 활동들 중 재미있었던 활동들에 대한 예시이며 이와 관련한 업무들을 스스로 기획하고 실행하며 학급의 단합과 학생들의 높은 학교생활 만족도를 이끌어냈다.

건의함 운영

학급에 대한 건의 사항을 접수하여 이를 학급 정책에 반영할 수 있게 한다. 건의내용에는 무조건 답변을 제공해줘야 한다. 필요시에는 이와 관련한 법률을 제정하거나 개정하기도 한다. 모두 자유롭게 참여할 수 있고 답변을 받을 수 있으므로 민주시민 자질 함양에 매우 좋은 활동이다.

이달의 행사 계획 및 관리

이달의 행사를 기획할 수 있다. 이달의 행사는 학생들이 좋아하는 활동들을 모아 기획부터 실행, 반성 단계까지 입법부가 모두 자발적으로 수행하는 것을 말한다. 보통 학급의 단합을 위해 모두가 참여할 수 있는 활동들을 위주로 진행하며 부담없이 모두 참여할 수 있으므로 재미는 물론 교우관계 개선에 매우 도움이 된다. 무엇보다 교사의 시각이 아닌 평소 학생들이 학급에서 하고 싶은 활동들 위주로 선발하기 때문에 학생들 눈높이에 맞고 훨씬 재미있게 참여한다.

기네스북

입법부에서 종목 선정부터 심사까지 진행하여 학급 기네스북을 제작한다. 다양한 분야의 기록을 측정하고 기록을 세우고 도전하는 활동들을 통해 학교 생활의 재미를 느끼게 한다. 기록 갱신에 따라 성공 보수를 지급하며, 이를 통해 성취감을 느끼고 적극적으로 참여하는 자세를 형성하게 한다.

다양한 소규모 학급 리그

공기 리그, 팔씨름 리그 등을 통해 학생들의 다양한 참여를 유도한다. 새로운 이벤트들을 계속해서 제시하기 때문에 학생들의 학교생활에 대한 동기부여를 하고 이를 통해 행복한 학교 생활을 할 수 있게 한다.

2. 행정부

정부

　나라의 살림을 법률에 따라 운영하는 기관이다. 1학기에는 이러한 정부활동이 낯설고 어렵기 때문에 학생들이 모든 사무를 총괄할 수 없다. 그렇기 때문에 1학기 학급 정부 대통령은 담임교사가 수행한다. 담임교사를 옆에서 수행하는 비서실장의 역할은 부회장들이 하며 회장은 총리로서 각 부처들의 사업 진행을 돕는다. 각각 국회에서 국회의장과 국회의원직을 맡은 회장과 부회장이 행정부의 총리와 대통령 비서실장도 맡기 때문에 삼권분립에 위배되는 것이 아닌가 하는 의문이 들 수 있다. 선출직인 회장과 부회장은 여론을 신경 쓰지 않을 수 없고 그들 또한 정부의 일원이 되어야 학급 운영과 관련하여 알 수 있기 때문에 학급 정부에서는 크게 신경쓰지 않아도 된다. 또 집행부가 학생들을 상대로 무소불위의 권력을 휘두를 수 있지 않을까 하는 걱정이 있을 수 있지만, 학생들은 아직 배우는 단계이기 때문에 1학기 대통령인 담임교사가 잘 교육하고 학생들이 천천히 하나씩 일을 배워나갈 수 있게 하면 무리 없이 학급자치를 운영할 수 있다. 학급 정부를 활용하고자 하는 학급은 이 점을 참고하여 각 학교, 학급의 상황을 고려해 반영하면 좋다.

　각 부처의 장관들은 각 학급의 사정에 맞게 선출하면 된다. 우리 학급에서는 학급 회장 선거일에 모든 장관들도 투표를 통해 선발하였다. 선거 전에 미리 하는 일과 입후보 과정에 대해 안내한다. 여러 업무와 자신의 부처에서 실행할 정책에 대해 구상해보고 입후보 지원서를 제출한다. 회장보다 치열한 장관 투표가 이루어진다. 계원들을 직접 진두지휘하고 본인의 정책을 직접적으로 친구들에게 실행할 수 있는 장관이라는 직책이 때로는 친구들에게 더 매력적으로 보일 수 있다. 친구들 앞에 나서거나 리더쉽을 발휘하기 어려운 친구들은 각 부서에서 자신의 실무 능력을 보여줄 수 있다.

장관 혼자서는 부서를 이끌 수 없다. 친구들의 협조가 반드시 필요하다. 다른 부서의 협조를 구하는 등 친구들과 함께 일을 수행해나가면서 분업과 협업을 배우고 서로의 소중함을 깨닫게 된다. 업무 수행 중 분쟁을 줄이기 위해 장관에게 전권을 부여하되 필요에 따라 부서원들 간 원활한 소통 및 투표를 통해 정책을 수립하게 하면 불필요한 갈등을 줄일 수 있다.

장관이 정해지면 각 부서의 계원을 모집한다. 계원은 한 곳에 편중되지 않게 미리 정원을 정해서, 경쟁시 합리적이고 공정한 방법, 예를 들어 의회의 결정에 따르거나 국민투표 등으로 선발한다. 계원이 선발되면 장관 주관하에 부서계원이 모두 모여 한 학기 정책과 사업에 대해 협의하는 시간을 가진다. 협의가 끝나고 나면 대통령이 공식적으로 한 학기 업무 시작을 선포하고 업무에 임하게 된다.

기획재정부

 기획재정부는 정부의 투명하고 건전한 재정유지를 위해 각 부처에 올바른 예산 배분을 하며, 각 부처별 사업을 검토하고 예산을 책정하며 승인한다.
 이를 위해 기획재정부 장관은 각 기관들의 사업을 검토 및 심사한다. 각 기관장들이 사업서를 제출하면 사업의 적합성과 사업비 등을 최종적으로 검토하며 적합할 시 이를 승인한다.

각 부처별 임금 책정 및 지불 - 매월 둘째 주 각 기관장이 제출한 업무 성과표를 제출하면 기재부 장관은 이를 심사하고 임금을 책정한다. 최종적으로 국회의 동의를 받으면 임금을 지불한다. 기재부 장관은 학생들의 불만을 최소화하기 위해 기관에 따른 임금 차이를 크게 두지 않기 위해 노력하지만 성과에 따른 임금 보상은 확실히 하도록 한다.

세금 관련 업무 총괄 - 한정된 예산 안에서 사용해야 하므로 학생들은 항상 한정된 재화를 놓고 경쟁해야 한다. 무분별한 지출로 재정에 구멍이 생긴다면 세금으로 충당해야 한다. 국가 재정과 여론에 따라 세율을 조정하며 이를 월급에 반영한다.

복권 기금 운영 - 정부 재정과 학생들의 복지를 위하여 복권 기금을 운영한다. 기획재정부 장관에게 구입 할 수 있다. 과도한 복권 구입으로 인한 재산 탕진을 막기 위해 1인 구매 개수 제한을 설정한다. 복권은 매주 금요일 마지막 시간에 추첨한다. 복권 금액은 계좌로 바로 지급되며 세금은 원천징수한다.

부서별 사업 계획서

	기획재정부장관	대통령

제안 일자 : 20 . .

부서		제안자	
사업명			
사업 목적			
사업 내용			
사업비 산출 내역			
총 사업액 (1달 기준)			
기대효과			

〈 부서별 사업 계획서 〉

급여명세서

급여지급년월 2022년 ○○월 성명○○○

공무원 구분	행정부 국가공무원	기관명	교육부	보직 구분	교육부 장관	급여관리 기관	기획재정부

[세부내역]

급여내역		세금내역		공제내역	
교육부관리	500,000	소득세	1,050,000		
학급문고 관리	400,000	신청곡	100,000		
교과서, 숙제검사, 채점	1,000,000	자리이용	600,000		
교육 컨설팅	1,200,000	방역	100,000		
1일 1신문 관리	3,000,000	학급문고	100,000		
자격증 발급	900,000				
급여총액	7,000,000	세금총액	1,950,000	공제 총액	0
실수령액		5,050,000			

〈 급여명세서 〉

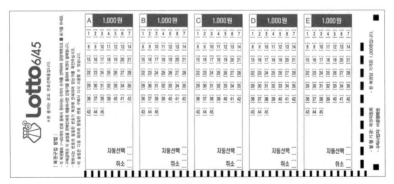

〈 로또 번호선택 용지 〉

교육부

교육부는 학생들의 지적능력 향상 및 학력 신장을 추구하고 이를 위해 학급을 위한 여러 가지 교육 정책을 기획하고 실행하며 관련 법률을 운영한다.

교육부 장관의 권한으로 학생들의 학습상태를 파악할 수 있다. 이를 위해 학급 법률에 따라 교육부 자체적으로 여러 정책을 수립하고 수행한다.

가. 교육 멘토링 제도

학급에서 학습목표 도달 및 성취에 관한 평가는 오로지 교사의 영역이었다. 하지만 학급 정부 활동에서는 교육부가 함께 참여한다.

교육부는 정기, 비정기적으로 교과서 검사 및 다양한 퀴즈 활동을 통해 학생들의 학습 성취도를 파악한다.

파악한 성취도를 바탕으로 각 과목별 멘토멘티제도를 운영한다. 본인들이 직접 참여하여 또래 교사가 되거나 학급에서 공개적으로 선발하고, 선발된 학생을 멘토로 임명하여 급여를 제공하며 운영할 수 있다.

멘티는 자발적으로 친구들과 학습하기를 원하는 친구 혹은 매우 낮은 성취도를 보이는 친구들로 공정한 방법을 통해 선발한다. 멘티가 동의하지 않을 경우 제외한다.

쉬는시간 및 점심시간에 상호 합의하여 멘토링 시간을 정하고 운영한다.

담임 교사와 또래 교사가 협업하여 학습 부진에 대해 진단하고 지도한다.

멘토와 멘티는 학력신장이라는 목표하에 멘토는 자신의 장점을 살려 노하우를 전수하고 지식을 전달한다. 멘티는 학력 신장을 위해 학습한 내용을 꼼꼼히 복습하며 노하우를 전수받는다.

성적이 향상되면 멘토와 멘티 각각에게 인센티브를 제공한다.

서로의 눈높이에서 이해하고 가르치므로 심리적 부담감이 적고 멘토에 대한 접근이 용이하여 학력신장 부분에서 우수한 성과를 낼 수 있다.

교우관계 증진과 학력신장, 내적 동기 부여라는 장점이 있으며 이를 통해 멘토는 성취감을, 멘티는 자신감과 성취감을 모두 가질 수 있다.

나. 독서교육

독서기록장 관리

독서기록장을 기록하고 이를 교육부에 제출한다. 교육부는 이를 심사하고 평가한다.

독서기록장을 제출한 학생들은 교육부 평가에 따라 다양한 인센티브를 수령할 수 있다.

온책읽기 독서 골든벨

교육부에서 매달 온책읽기 도서를 선정하고 선정 이유를 밝힌다. 온책읽기를 학급에 비치하며 골든벨을 안내한다. 교육부는 도서를 활용한 문제를 제작하여 대회를 개최한다.

읽기 능력이 부진한 학생들은 멘토멘티제도를 통하여 친구들과 함께 읽고 생각하는 기회를 제공한다.

대회에 참가한 학생들은 입상 성적에 따라 상금을 수령할 수 있다.

매달 진행하기 때문에 일년 동안 다양한 책들을 읽고 확인할 수 있다. 교육부 독서기록장 등 다양한 활동들에 연계 가능하고, 또한 독서에 대한 동기를 부여하여 의욕을 고취시킬 수 있다.

체계적인 과제관리

교육부 장관의 권한으로 과제를 제출하고 이를 검사할 수 있다. 검사 결과에 따라 재검사 및 추가학습이 이루어진다.

교사가 내준 과제 이외에 교육부 장관의 직권으로 과제를 추가로 제시할 수 있다.

모든 과제 검사는 교사가 할 수 있지만, 교육부 장관이 원할 시 교육부에서 이를 수행하고 추가 수당을 지급 받을 수 있다.

과제를 교육부에서 체계적으로 관리하고 기록하여 과제 수행 비율을 확인할 수 있으며, 이를 추후 인사고과나 성과급 지급에 반영할 수 있고, 학부모 상담자료로도 활용할 수 있다.

이를 통해 학생들이 꾸준히 자기 점검을 할 수 있다. 숙제를 안 하면 선생님에게 혼나고 끝나는 것이 아니라 기록으로 남아 향후 활동에 지장을 초래할 수 있기 때문이다. 그렇기 때문에 이를 방지하고자 체계적이고 계획적으로 학습을 점검하는 습관을 기르도록 유도하고 실행하게 한다.

| 〈 국가기술자격증 〉 | 〈 국가공인자격증 〉 |

학급에서 중요시하고 객관화할 수 있는 부분을 찾아 자격으로 부여하여 자격증을 발급한다. 학급에서 정한 목표를 도달한 학생 및 해당 과정을 이수한 학생에게 자격증을 발부하여 자기 개발할 수 있도록 동기를 부여한다.

학생들은 해당 자격 획득시 자료를 교육부 장관에게 제출하고 관련 자격증을 발급받는다. 자격증은 제3장에서 소개할 인생게임 이력서에 등록되며, 취직시 연봉에 자격증에 해당하는 보너스 만큼 합산된 금액을 수령할 수 있다.

자격증	자격 요건		특전
기사문 자격증 1급	A+등급 10회 이상	+ 국어 단원평가 ○○점 5회 이상	월 60만원
기사문 자격증 2급	A+등급 5회 이상	+ 국어 단원평가 ○○점 3회 이상	월 30만원 (1급 중복 수령 불가)
자원봉사 자격증	자원봉사 실적서 20회 이상	+기부금 1000만원 이상	월 50만원
독서 자격증 1급	대출 도서 60권 이상	+ 독서골든벨 우승(학교주관)	월 50만원
독서 자격증 2급	대출 도서 30권 이상		월 30만원 (1급 중복 수령 불가)
교원 자격증	(관련 분야) 교육봉사 10시간 이상		월 30만원
자격증 발급 수수료 : 1급(20만원), 2급(10만원) 이외에 일괄 5만원			
○○반 인생게임 자격증 관련 취직시 호봉 승급 가능			
만들었으면 하는 자격증 있을 시 문의!			

〈 자격증 예시 〉

위 예시는 현재 학급에서 하고 있는 자격증 중 일부를 발췌했다. 각
학급 상황에 맞추어 교사가 중요하게 생각하는 능력과 관련한 자격증
을 만들면 학생들이 자발적으로 열심히 참여하게 된다. 평소 책을 읽
지 않는 학생도 자격증을 획득하기 위해 친구를 따라 도서관에 가는
일도 발생한다. 잘 활용하면 학생들의 내적동기 향상에 큰 도움을 준
다. 또한 자격증이라는 것에 대해 미리 생각해보고 접해봄으로써 미래
를 대비할 수 있는 발판을 마련할 수 있다.

환경부

환경부는 학급의 쾌적한 환경 유지를 위해 여러 사업을 기획하고 관련 법률을 운영한다.

환경부 장관의 권한으로 학급의 환경유지를 위해 환경상태를 파악하며, 이를 위해 학급 법률에 따라 환경부 자체적으로 여러 정책을 수립하고 수행한다.

환경 관리

학급의 환경상태를 파악하고 환경 상태에 따라 환경 유지 업무를 수행한다. 환경 유지 업무는 학급 청소와 정리 등 쾌적한 환경 조성을 위한 활동을 의미한다. 공용공간을 제외한 개인 공간까지를 포함한다.

환경부 장관은 학급 법률에 따라 매일 청소시간에 청소업무 및 청소관리 감독 등 환경관리 업무를 총괄한다. 환경부 장관의 권한으로 교실 정리정돈을 즉각 시행할 수 있다. 환경부 계원들은 공용공간을 정리하며 환경유지를 위해 환경관리 업무를 수행한다.

법률에 따라 개인적인 공간인 책상상태, 책상 서랍상태, 사물함 상태를 주 1회 공개적으로 점검할 수 있으며, 상태 불량 적발시 시정 행정명령을 내릴 수 있다.

환경과 관련한 여러 가지 사업을 기획하고 수행할 수 있다.

환경 보호

학급의 분리수거 사업을 통해서 환경보호에 앞장선다. 학생들에게 올바른 분리수거 방법에 대해 연수하고, 이를 각 학급과 가정에서 실천하게 한다.

잔반 검사 등 급식 관련 업무 등을 실시한다. 잔반검사에 대한 기준을 확립하고 공표한 뒤 매 급식시간마다 잔반검사를 실시하여 음식물 쓰레기 처리와 환경보호에 대한 경각심을 알린다.

기타 환경보호 관련한 캠페인을 실시하고 이에 대한 수당을 지급받는다.

환경물품 관리

교실 내 환경 물품을 관리한다. 환경 물품은 환경부 계원 및 환경부 장관이 허락하는 자에 한하여 사용할 수 있다. 학생들은 개인 환경용품을 이용하여 청소 활동에 임할 수 있고, 물품이 부족하거나 없을 시 환경부에 요청하여 대여할 수 있다. 환경부의 허락 없이 물품을 사용하다 적발되면 법률에 따라 처벌받을 수 있다. 환경부 계원들만 물품을 사용하고 관리하므로 항상 청결하게 환경물품을 관리할 수 있다.

타 부서 협조 사항 예시

보건 복지부의 봉사증 발급과 관련하여 청소 검사가 필요할 시 청소 검사 상태를 확인한다.

의회에서 단합대회를 실시할 경우 교실 정돈이 필요하면 환경부 장관과 협의하여 청소를 실시하고 시행한다.

사법부에서 법률을 위반한 학생에게 학급 청소를 명령했을 때 이를 확인하는 역할을 한다.

문화체육부

　문화체육부는 학급의 흥미와 재미를 추구하고, 학생들의 다양한 문화적 역량 향상을 위해 여러 사업을 기획하고 관련 법률을 운영한다.

　문화체육부 장관의 권한으로 학급 유희 활동을 위해 학생들의 수요도를 조사하고 선호도를 파악하며, 이를 위해 학급 법률에 따라 문화체육부 자체적으로 여러 정책을 수립하고 수행한다.

자유놀이

　법률에 근거한 자유놀이 사업을 통해 자유 시간에 하고 싶은 놀이를 학생들이 선택하고 이를 진행한다. 여론조사를 통해 학생들의 수요를 바탕으로 게임이나 활동을 선택하여 진행한다. 학생들 수준에서 원하는 활동을 하므로 친목도모에 효과적이다. 국회와 함께 진행할 수 있으며, 사업비를 확보하기 위해 국회와 경쟁하여 프로그램을 제작하므로 결과적으로 양질의 프로그램을 만들 수 있다.

신청곡

　학생들이 듣고 싶은 음악을 신청받고 이를 선별, 점심시간에 재생하여 학생들의 문화 활동에 힘쓴다. 매일 학생들이 문화체육부 신청곡 담당자에게 듣고 싶은 곡을 신청하면 담당자가 신청곡들을 모아서 점심시간에 재생한다. 신청곡이 많아 경합 시, 공정하게 곡을 선택하는 방법을 국회를 통해 회의에서 정하고 이를 바탕으로 곡을 선택하여 재생한다. 학생들이 듣고 싶은 곡을 직접 선택하여 재생하므로 눈높이를 맞춰 감성을 자극할 수 있고, 감수성이 예민한 시기의 학생들을 다양한 문화적 환경에 노출시킬 수 있으므로 예술 교육에 효과적이다.

체육 물품 및 시설 관리

　원활한 체육 수업 진행을 위해 문화체육부 계원들이 수업 준비와 정리를 함께한다. 필요한 물품을 먼저 준비하고 세팅한다. 준비체조를 실시하여 학생들의 부상방지에 힘쓴다. 체육 수업이 끝나면 문화체육부 계원들이 함께 정리한다. 문체부 계원들만 물품을 관리할 수 있으므로 체육물품 창고가 깨끗하게 유지될 수 있다.

다양한 게임 사업

　자유 놀이 사업과는 별개의 개념이다. 단발성 대회가 아닌 중·장기적인 목표를 가지고 타자대회, 플랭크 대회 등 재미있는 미니게임 대회를 통해 학생들이 학교 생활에 흥미를 가질 수 있는 다양한 기회를 제공한다. 국회와 협력하거나 경쟁하여 교실에서 할 수 있는 우수한 게임 활동들을 제작할 수 있다.

국토교통부

국토교통부는 학급에서 학생들의 위치 선발과 관련한 업무를 수행하고 교내외 이동 시 질서유지에 힘쓰며 이와 관련한 여러 사업을 기획하고 관련 법률을 운영한다.

국토교통부는 법률에 따라 매주 혹은 격주로 자리를 선발하며 현장체험 이동시 버스 자리 선발, 조 추첨 등 학생들의 위치선정(자리)에 관한 업무를 주로 수행하며 이동 수업 및 교내외의 학급 별 이동시 질서유지를 위한 업무를 맡는다.

자리 선정 및 학급 이동 시 관리

법률로 정한 2주 1회 자리 교체시 국토교통부 장관이 선발 프로그램을 사용하여 자리를 선정하고 이동조치한다. 자리 선정방법은 국회의원이 정하는 법률에 근거하여 선정한다.

학급 이동시 대열을 크게 이탈하는 등 안전수칙 위반 및 교육과정 운영을 방해하는 행위를 하였을 시 국토교통부 장관은 즉각 시정명령을 내리고 이에 불응했을 경우 경찰에 고발조치할 수 있다.

부동산 매매 중계 업무

부동산 매매 업무를 통해 국가 소유의 자리를 매매하여 매수자인 학생의 고정 자리로 변환한다. 자리를 구입하면 자리 이동시에도 영향을 받지 않고 자신의 자리를 고정적으로 유지할 수 있는 혜택을 받는다. 이 자리를 원하는 사람이 나타났을 시 개인간 협의 후 매매가 가능하며 이를 중계하는 사무를 관장하고 중계법령에 따라 중계 보수 수수료를 받는다.

부동산 매매계약서

매도인과 매수인 쌍방은 아래 표시 부동산에 관하여 다음 계약 내용과 같이 매매계약을 체결한다.

1. 부동산의 표시

자리	
번호	

2. 계약내용

제 1조 (목적) 위 부동산의 매매에 대하여 매도인과 매수인은 협의에 의하여 매매대금을 아래와 같이 지불하기로 한다.

매매대금	금	오 백 만 원 정(₩5,000,000)	
계약금	금	원정은 계약시에 지불하고 영수함.	
	영수자 (	㉙)	
중도금	금	원정은	
	년 월	일에 지불한다.	
잔금	금	원정은	
	년 월	일에 지불한다.	

제 2조 (소유권 이전 등) 매도인은 매매대금의 잔금 수령과 동시에 매수인에게 소유권 이전 등기에 필요한 모든 절차에 협력하고 위 부동산의 인도일은 월 일로 한다.

제 3조 (제한물권 등의 소멸) 매도인은 위의 부동산에 설정된 저당권, 지상권, 임차권 등 소유권의 행사를 제한하는 사유가 있거나, 제세공과 기타 부담금의 미납금 등이 있을 때에는 잔금 수수일까지 그 권리의 하자 및 부담 등을 제거하여 완전한 소유권을 매수인에게 이전한다. 다만, 승계하기로 합의하는 권리 및 금액은 그러하지 아니한다.

제 4조 (지방세 등) 위 부동산에 관하여 발생한 수익의 귀속과 제세공과금 등의 부담은 위 부동산의 인도일을 기준으로 하되, 세금의 납부의무 및 납부책임은 마른한법의 규정에 의한다.

제 5조 (계약의 해제) 매수인이 매도인에게 중도금(중도금이 없을 때에는 잔금)을 지불하기 전까지 매도인은 계약금의 배액을 상환하고, 매수인은 계약금을 포기하고 본 계약을 해제할 수 있다.

제 6조 (채무불이행과 손해배상) 매도인 또는 매수인이 본 계약상의 내용에 대하여 불이행이 있을 경우 그 상대방은 불이행한자에 대하여 서면으로 최고하고 계약을 해제할 수 있다. 그리고 계약 당사자는 계약해제에 따른 손해배상을 각각 상대방에게 청구할 수 있으며, 손해배상에 대하여 별도의 약정이 없는 한 계약금을 손해배상의 기준으로 본다.

제 7조 (중개보수) 공인중개사는 매도인 또는 매수인의 본 계약 불이행에 대하여 책임을지지 않는다. 또한, 중개보수는 본 계약체결과 동시에 계약 당사자 쌍방이 각각 지불하며, 공인중개사의 고의나 과실없이 본 계약이 무효화로 또는 해제되어도 중개보수는 지급한다. 공동 중개인 경우에 매도인과 매수인은 자신이 중개 의뢰한 공인중개사에게 각각 중개보수를 지급한다. (중개보수는 거래가액의 5%로 한다)

※ 특약사항

_____
_____
_____
_____

본 계약을 증명하기 위하여 계약 당사자가 이의 없음을 확인하고 각각 서명날인 후 매도인, 매수인 및 공인중개사는 매장마다 간인하여야 하며, 각각 1통씩 보관한다.

매도인	번호	00부동산	㉙
	성명	00부동산	
매수인	번호		㉙
	성명		
공인중개사	사무소 명칭	00부동산	㉙
	대표	김00	
	소속 공인중개사	김00	㉙

부동산 매매계약서

매도인과 매수인 쌍방은 아래 표시 부동산에 관하여 다음 계약 내용과 같이 매매계약을 체결한다.

1. 부동산의 표시

자리	
번호	

2. 계약내용

제 1조 (목적) 위 부동산의 매매에 대하여 매도인과 매수인은 협의에 의하여 매매대금을 아래와 같이 지불하기로 한다.

매매대금	금	오 백 만 원 정(₩5,000,000)	
계약금	금	원정은 계약시에 지불하고 영수함.	
	영수자 (	㉙)	
중도금	금	원정은	
	년 월	일에 지불한다.	
잔금	금	원정은	
	년 월	일에 지불한다.	

제 2조 (소유권 이전 등) 매도인은 매매대금의 잔금 수령과 동시에 매수인에게 소유권 이전 등기에 필요한 모든 절차에 협력하고 위 부동산의 인도일은 월 일로 한다.

제 3조 (제한물권 등의 소멸) 매도인은 위의 부동산에 설정된 저당권, 지상권, 임차권 등 소유권의 행사를 제한하는 사유가 있거나, 제세공과 기타 부담금의 미납금 등이 있을 때에는 잔금 수수일까지 그 권리의 하자 및 부담 등을 제거하여 완전한 소유권을 매수인에게 이전한다. 다만, 승계하기로 합의하는 권리 및 금액은 그러하지 아니한다.

제 4조 (지방세 등) 위 부동산에 관하여 발생한 수익의 귀속과 제세공과금 등의 부담은 위 부동산의 인도일을 기준으로 하되, 세금의 납부의무 및 납부책임은 마른한법의 규정에 의한다.

제 5조 (계약의 해제) 매수인이 매도인에게 중도금(중도금이 없을 때에는 잔금)을 지불하기 전까지 매도인은 계약금의 배액을 상환하고, 매수인은 계약금을 포기하고 본 계약을 해제할 수 있다.

제 6조 (채무불이행과 손해배상) 매도인 또는 매수인이 본 계약상의 내용에 대하여 불이행이 있을 경우 그 상대방은 불이행한자에 대하여 서면으로 최고하고 계약을 해제할 수 있다. 그리고 계약 당사자는 계약해제에 따른 손해배상을 각각 상대방에게 청구할 수 있으며, 손해배상에 대하여 별도의 약정이 없는 한 계약금을 손해배상의 기준으로 본다.

제 7조 (중개보수) 공인중개사는 매도인 또는 매수인의 본 계약 불이행에 대하여 책임을지지 않는다. 또한, 중개보수는 본 계약체결과 동시에 계약 당사자 쌍방이 각각 지불하며, 공인중개사의 고의나 과실없이 본 계약이 무효화로 또는 해제되어도 중개보수는 지급한다. 공동 중개인 경우에 매도인과 매수인은 자신이 중개 의뢰한 공인중개사에게 각각 중개보수를 지급한다. (중개보수는 거래가액의 5%로 한다)

※ 특약사항

본 계약을 증명하기 위하여 계약 당사자가 이의 없음을 확인하고 각각 서명날인 후 매도인, 매수인 및 공인중개사는 매장마다 간인하여야 하며, 각각 1통씩 보관한다.

매도인	번호	00부동산	㉙
	성명	00부동산	
매수인	번호		㉙
	성명		
공인중개사	사무소 명칭	00부동산	㉙
	대표	김00	
	소속 공인중개사	김00	㉙

〈 학급에서 사용하고 있는 부동산 매매계약서 〉
매매계약에 대한 기본적인 정보를 설명하고 간인하여 각자 한 부씩 보관한다.

제3장에서 소개할 인생게임의 레벨에 따라 자리를 구입할 수 있는 자격이 부여되며, 자격을 가진 자에 한해 부동산을 구입할 수 있다. 부동산에 관련한 사안은 부동산에 관한 법률에 의거하여 관리한다.

부동산 매매 혹은 보유시 세금이 발생하며 기재부에 협조 요청하여 세금을 징수한다.

학생들은 계약에 관한 기본적인 정보에 대해 학습하는 계기를 가진다. 본인 자리에 대한 애착심을 가지고 학교생활에 열심히 임하거나 부동산 투자와 관련한 꿈을 가지게 되는 등 학생들에게 여러 가지 자극을 제공하여 학교생활의 활력소가 된다.

보건복지부

보건복지부는 코로나19로 인해 부각된 위생과 방역을 위한 업무 및 학급의 보건과 복지와 관련된 여러 사무를 수행하고 관련 법률을 운영한다.

보건 업무

비상 상비약을 항상 구비하며 긴급하게 필요한 학생에게 즉각적으로 제공한다. 간단한 상처의 처치는 보건실에 가지 않고 보건복지부 장관의 허가 하에 학급에 비치된 약품을 사용할 수 있다.

방역 업무

체온 측정 및 손 소독 독려를 통한 위생관리와 방역에 힘쓴다. 비접촉 체온계를 사용하여 학생들의 체온을 측정하고 건강상태를 확인한다. 이동시 혹은 쉬는 시간에 손 소독 혹은 손 씻기를 장려하여 개인 위생에 힘쓰게 한다.

복지 업무

학생들의 봉사활동 내역 및 봉사활동 증명서를 관리한다. 제3장에 소개할 인생게임에서 자신의 인생을 풀어나가기 위해서는 다수의 봉사활동 증명서가 필요하다. 보건복지부 장관은 봉사활동 내용을 검토하고 승인한다. 많은 학생들이 교내에서 다양한 봉사활동을 경험할 수 있도록 독려한다.

인터넷에서 교육용으로 무상 제공하는 양식을 학교, 학급 사정에 맞춰 변경하여 사용한다.

개인 봉사활동 계획 및 확인서

인적사항	학년반		번호		성명	
활동일시	20 년 월 일 ~ 20 년 월 일 까지					
	( )시 ( )분 ~ ( )시 ( )분					

활동장소		봉사활동 영역
활동내용		☐ 교실 봉사활동 ☐ 교내 봉사활동 ☐ 개인 봉사활동 ☐ 부서 봉사활동 ☐ 기타

위의 봉사활동 계획을 허락합니다.
담임   (인)

위의 계획에 의거하여 총 (   )시간 봉사 활동 한 사실을 확인합니다.   (인)

봉사활동은 교육적 차원에서 시행되는 만큼 뒷면의 「봉사활동 자기평가 및 소감문」을 작성을 확인해주십시오.   (인)

20 년   월   일

확인자 (부서, 개인, 기관) 이름_____(인)

〈 개인 봉사활동 계획 및 확인서 〉

봉사활동 자기평가 및 소감문

_____정부

	평 가 기 준	평 점		
		상	중	하
자기 평가	1. 활동준비나 계획은 잘 되었는가?			
	2. 의욕적이며 적극적으로 참여했는가?			
	3. 책임을 완수하고 집단 활동에 협조적이었는가?			
	4. 자주적이고 창의적으로 임했는가?			
	5. 대상자에게 예절 바르게 행동했는가?			

< 반성 및 소감 >

확인자 (부서, 개인, 기관) 이름_____(인)

〈 봉사활동 자기평가 및 소감문 〉

3. 사법부

국회에서 정한 법률에 따라 공정한 재판을 하여 학급에 법과 원칙이 바로 서게 한다.

사법부는 현 대한민국의 대법관 선발 시스템과 비슷하게 사법시험, 국회 추천, 대통령 추천을 통해 선발한다. 학기 초에 업무와 권한 등을 안내하고 사법시험 일정을 안내한다. 사법시험은 행정부 장관들을 선발하기 전에 실시한다. 사법시험은 학급에서 흔히 일어날 수 있는 갈등상황에서 어떻게 해결할지를 묻는 문제를 내며, 서술형과 논술형 등을 출제하여 종합적인 판단이 이루어지도록 한다. 교사가 판단하여 면접 혹은 논리성을 측정하는 객관식 문제 등 학급에 적합한 방법으로 선발하면 된다. 국회 추천은 학생들의 신임을 얻어 당선된 국회에서 공정한 재판을 수행할 판사를 한 명 선정한다. 이렇게 두 명의 판사가 선발되면 교사는 둘의 균형을 이룰 수 있는 학생을 추천하여 의사를 묻고 판사에 임명한다. 판정의 공정성을 위해 판사는 꼭 세 명 이상을 임명하고 교사는 재판관의 판결에 개입하지 않는다. 판사가 한 명일 경우 재판에 대한 부담이 크다. 한 명의 판결과 세 명의 판결은 판결문의 무게가 다르기 때문이다. 세 명의 판사가 판결을 내리면 죄를 인정하고 벌을 받아들이는 입장에서도 훨씬 수월하다.

판사들이 모두 임명되면 검사와 경찰을 선발한다. 원래는 행정부의 법무부와 행정안전부에 소속되어야 하지만 학급 운영상 사법부에 배치하였다. 학생들에게도 이와 같은 점을 사전에 설명하고 그 이유 또한 명확하게 밝혀준다. 사법부에 검·경이 모두 속하게 되면 그것 또한 무소불위의 권력 집중화가 이루어지는 것 아닌가 하는 우려가 발생할 수 있다. 그래서 검사는 교사가 맡는다. 몇 번의 시행착오 끝에 내린 결론으로 학생이 검사 역할을 한 경우 빈번한 갈등에 노출되는 경우가 많았다. 교사가 검사가 되어 경찰인 학생과 수사권과 공소권을 집행하면 사법부의 판단에도 힘이 실릴 수 있다. 사실 학생들은 서로가 동등한 위치로 인식하기 때문에 규칙을 위반해 내 친구에게 벌칙을 받는 것을 때로는 자존심이 상하고 기분이 나쁘게 받아들일 수 있기 때문이다. 이 점을 해결하기 위해 교사가 검사나 경찰 직위를 가지고 일련의 과정에 참여한다면 모두 수긍할 수 있는 결론을 도출할 수 있다.

재판

재판은 실제 사회에서 민사와 형사, 행정 재판 등 다양한 형식으로 존재한다. 학급에서는 대부분 형사재판이 주를 이루며 소장이 접수되면 경찰의 수사를 통해 진위여부를 확인하고 검사가 판사에게 기소를 하여 판사들의 판결로 결정을 내린다. 판결에 대한 의의가 있으면 재심을 청구할 수 있다. 일련의 과정이 복잡해 보이지만 실제로는 굉장히 단순하게 이루어진다. 학급에서 고소장 양식을 경찰이나 검찰에게 제출하여 소장이 접수되고 수사와 기소가 이루어지지만, 그렇지 않고 검사나 경찰에게 구두로 신고를 해도 신속하게 재판까지 이루어질 수 있다.

합의 우선 원칙

재판도 중요하지만 재판까지 가지 않고 원만한 합의를 이루는 것이 중요하다. 합의 우선 원칙은 고소장의 남발을 억제하는 효과가 있다. 고소장을 쓰는 것만이 해결책은 아니다. 합의 우선 원칙이 없으면 맞고소를 하는 상황이 비일비재하고 이로 인하여 친구들간의 갈등이 증폭되며 결국 서로 상처만 입게 된다. 고소장이 접수되더라도 검사와 경찰이 먼저 서로 사과하거나 용서할 마음이 없는지를 확인하고 서로에게 원하는 점을 들어 보고 재판까지 가지 않고 해결이 될 수 있도록 한다. 대부분은 이 과정에서 사건이 종결되는 경우가 많다. 학생들도 격한 감정을 누르고 나면 재판까지 가는 것을 부담스러워하거나 재판까지 가더라도 본인에게 유리한 판결을 받는다는 보장이 없는 것을 알기 때문이다. 물론 첨예하게 대립하여 서로가 합의를 원하지 않는 사안에 대해서는 공정하게 재판으로 해결하며 재판 결과를 수용하게 한다.

사법부 일지

사법부에는 기록 대장이 있다. 사법부에서 매일 발생하는 법률 위반 행위와 관련한 정보들을 기록하는 사법부 일지이다. 판사 중 한 명을 선정하여 이를 관리하도록 하며, 형식은 아래와 같다.

번호	일자	위반 학생	위반 법률 및 위반행위 내용	처리 결과	기록자
	월 일 교시				

위반 학생은 학급법률을 위반한 학생의 이름이고 위반 법률 및 위반 행위 내용에는 법률 몇조 몇항을 어겼는지, 그리고 그에 대한 구체적 사안을 기입한다. 처리 결과에는 사건이 어떻게 처리되었는지를 기입하는데, 보통 합의로 마무리 되었으면 '당사자간 합의로 인한 사건 종결'로 표현하고, 법률에 의거하여 처벌 받았다면 처벌 받은 내용에 대

해 간략하게 작성한다. 마지막으로 기록자는 판사 중 이 사건을 종결한 사람의 이름을 모두 적는다.

위의 기록지는 다소 간단한 형식이지만 한 달 동안만의 기록을 모아도 매우 알찬 상담 자료로 활용할 수 있다. 사법부에서는 동일한 법률을 반복해서 위반했을 시 가중처벌의 근거로 위의 일지를 사용 할 수 있다. 재발 방지를 위해 사법부에서는 위반 사례가 많은 학생들을 대상으로 꾸준히 상담을 진행한다. 상담을 통해 사건의 재발 방지를 약속받고, 위반한 학생들도 행동을 개선하기 위해 꾸준히 노력하게 된다.

학생들의 상담 자료로 쓰일 뿐만 아니라 학부모 상담시에도 유용하게 사용 가능하다. 객관적인 증거로 남기 때문에 언제든지 필요할 때 사법부에 요구하면 과거의 위반 사례부터 최근 추세까지 확인할 수 있기 때문이다.

이뿐만 아니라 학급 회장단 및 장관들로 구성된 2학기 인사선발위원회에서는 1학기에 기록된 자료를 바탕으로 선출직 임원에 출마 자격 제한을 두는 시스템을 구축하여 다양한 인사선발과정에 쓸 수 있다. 간단한 형식이지만 여러 유용성을 보여주고 있으며 다양한 형식으로 변형하여 사용이 가능하다. 학생들도 자신들의 위반 사항이 기록되고 상담의 근거와 자료로 사용됨을 알기 때문에 본인 행동에 대해 점검하게 된다.

치안유지

치안유지는 경찰의 업무이다. 학급 내에서 일어나는 일거수일투족을 파악하고 문제 발생시 솔선수범하여 해결에 앞장선다. 지금은 치안유지라는 명목으로 검사인 교사에게 수사 공조를 하거나 수사 내용을 함께 협의하지만 예전에 이런 명목이 없었을 때는 단순히 선생님에게 이르는 것으로 치부되었다. 하지만 아이들이 선생님에게 와서 이야기를 하지 않으면 교사가 절대 알 수 없는 부분들이 교실 내에 비일비재하다. 교사들이 알아야 할 사안은 경찰이 직접 와서 보고해준다. 교사는 보고를 받고 경찰 선에서 해결할 일인지 기소를 해서 재판을 받게 해야 할지 판단한다. 모든 아이들이 교사에게 와서 이야기를 하면 교사도 정신이 없고, 바쁜 와중일 때에는 이야기를 들어도 금방 잊기 십상이다. 너무 많이 와서 이야기하면 다 들어주기도 힘들다. 학급경찰이 존재하면 이와 같은 문제점들을 쉽게 해결할 수 있다. 책임감 있는 단 한 명이 사건을 파악하고 본인이 해결할 일인지 도움이 필요한 일인지 파악한 후에 보고를 하기 때문이다.

경찰이 책임감을 가지고 본인이 해결할 수 있는 부분은 최대한 해결을 하고 합의 도출이 불가능하거나 중대사안일 시 검사와 함께 사건을 해결하게 한다. 학생들도 경찰을 믿고 신뢰하면 교사한테 직접 이야기하지 않고 경찰에게 먼저 이야기를 하고 호출한다. 경찰을 하는 친구들의 역량이 모두 다르기 때문에 처음에는 교사가 중재를 많이 해야한다. 독립된 수사권을 보장해주고, 경찰의 지위를 최대한 인정해주면 다른 친구들도 경찰과 갈등을 빚는 대신 함께 어려움을 해결하기 위해 노력한다. 경찰이 꿈인 친구들이 한 학급에 반드시 한 명은 있으니, 미래 경찰의 모습을 보여줄 수 있도록 격려하며 추천해보면 우수한 경찰의 모습을 보여 줄 수 있다.

4. 은행 및 개인사업

가. 은행

정부 활동을 움직이는 원동력은 무엇보다 자본이다. 이 자본을 관리하는 곳이 은행이다. 현물로 학급화폐를 유통시킬 수 있지만 그러기엔 분실 및 훼손이 일어날 가능성이 높다. 그렇기 때문에 화폐유통을 최대한 줄이고 은행의 전산 시스템처럼 안전하게 재산을 보관하며 편리하게 거래를 할 수 있는 방법을 생각해보았다.

학급 구성원의 모든 통장은 은행에 비치한다. 각 계좌는 은행원과 계좌의 주인만이 열람 가능하다. 은행원들은 모든 계좌를 관리하며 예금 및 출금, 계좌이체, 대출과 같은 업무를 맡는다. 학생들은 은행에 방문하면 계좌로 할 수 있는 모든 일들을 할 수 있다.

은행 운영시간을 설정한다. 은행 운영시간을 설정하지 않을 시 빈번한 업무로 은행원들 삶의 질이 매우 낮아진다. 은행 업무는 어렵지는 않지만 본인의 시간을 많이 할애해야 하므로 이러한 점을 사전에 알리고 은행원을 모집한다.

은행원의 급여기준은 정부 소속 인원들과 다르게 책정한다.

모든 거래는 계좌 거래를 원칙으로 하며, 혹시나 모르는 계산상의 실수나 거래 실수로 인한 문제를 사전에 차단하기 위해 현실세계와는 다르게 국정감사 대상으로 선정하여 수시로 감사를 받게 한다. 통장에 있는 돈을 다른 계좌로 이동할 때에는 반드시 거래 목적이나 내용을 기입하게 한다.

00 은행
차곡차곡 입출금 예금 통장

00정부

00 은행 차곡차곡 입출금 예금 통장
계좌번호 : 00은행 605   예금주 :

순번	날짜	거래 내역	입금	출금	잔액
1	/				
2	/				
3	/				
4	/				
5	/				
6	/				
7	/				
8	/				
9	/				
10	/				
11	/				
12	/				
13	/				
14	/				
15	/				
16	/				
17	/				
18	/				
19	/				
20	/				
21	/				
22	/				
23	/				
24	/				
25	/				
26	/				
27	/				
28	/				
29	/				
30	/				
31	/				
32	/				

〈 예금 통장 〉
다소 투박하고 재미없는 디자인이지만 오랜 기간 오류 한 번 없이 깔끔하게 사용한 통장 디자인

나. 개인 사업

학생들은 자신의 적성과 능력을 살려 대통령의 허가를 득한 후 사업자 등록을 할 수 있다. 사업자 등록을 원할시, 본인이 하고자 하는 영업에 대한 소개를 광고지로 제작해서 제출해야 하며 영업이 허가나면 사업자 등록 현황판에 게시하고 영업을 시작한다.

일반 풍속을 저해하지 않으며 사행성이 심하지 않은 것, 폭력 및 기

타 학급 운영에 지장을 주지 않는 범위 안에서 사업이 가능하다.

사업자로 등록하지 않은 사업은 불법이며 학급 내 영업이 불가하다.

학생들이 가지고 있는 다양한 재능을 사용할 수 있는 기회를 마련한다. 자신들이 가진 재능을 친구들에게 선보이고 보상을 얻을 수 있으므로 학생들이 흥미를 가지고 참여한다.

초기에는 학생들이 사업에 대한 아이디어가 부족하다. 많은 예시자료를 제시하여 아이들이 창의력을 발산할 수 있도록 도움을 준다.

예시1) 보드게임: 집에서 잘 하지 않는 보드게임들(장기, 오목)도 학교에 와서 친구들과 하면 재미있다. 게임비를 지불하고 게임을 즐길 수 있는 보드게임 사업이 있다.

예시2) 헤어숍: 다른 사람들의 머리를 만져주는 것이 취미인 학생들이 만들었다. 머리를 따거나, 예쁘게 꾸며주는 등 아티스트적인 면모를 뽐내며 많은 사랑을 받은 아이템이다.

예시3) 변호사: 논리적으로 자신을 변호하지 못하는 학생에게 필요하다. 판사 앞에서 적극 해명해주고 변론하여 감형을 받을 수 있게 한다.

예시4) 화가: 그림에 취미가 있는 학생들이 원하는 그림을 그려주고 그에 대한 보상을 받는다.

예시5) 대리청소: 바쁠 때 벌금보다 싸게 이용할 수 있다.

예시6) 개인과외: 숙제가 많은데 모르는 문제가 너무 많을 때 이용한다. 교육부의 멘토링제도도 좋지만 학원 숙제할 때 매우 좋다.

2장을 마치며

학급 정부 활동을 하면서 학생들에게 가장 많이 들은 말이 '재미있다'이다. 학교에 본인의 직위와 책임을 가지고 생활하며 모두를 위해 서로 협력하고 때로는 살아남기 위해 경쟁하는 생활을 통해 학생들은 사회를 배운다. 책으로 배우는 민주시민의 가치와는 다른 재미와 감동이 있다. 매 학기 학급정부는 변화하고 진화한다. 처음에는 적용하는 것이 어렵고 힘들다. 시행착오를 겪으면서 적용하다 보면 학생들과 교사 모두 행복한 학교생활을 즐길 수 있다. 책을 읽으시는 분들에게 강력하게 추천한다.

3장
인생 게임으로
만드는 학급 속
작은 민주사회

– 한번 먼저 살아보는 인생

– 제작의도와 게임의 설정

실제 세상살이에 대해 조금이라도 알려주고 싶었다. 학생들과 진로 관련하여 이야기를 하면 이렇게 허무맹랑할 수가 있나 싶거나, 이렇게 아무 생각이 없을 수가 있나 싶다. 청소년기에는 모두가 저랬었나? 라고 생각해보니, 모두 그랬던 것 같다. 청소년들 특히 사춘기 청소년들에게 미래의 삶에 대한 걱정은 막연하기 마련이다. 하지만 걱정 없이 살다가는 그 걱정들을 나중에 몰아서 해야 할 수도 있다. 꿈을 이루는 데에는 나이가 중요하지 않다고 하지만 이왕이면 본인이 잘하고 좋아하는 것을 빠르게 알고 이를 추진하는 게 더 좋지 않을까? 인생은 한 번 뿐인데 너무 늦게 자신을 알게 되어 후회한다면 얼마나 아쉬울까? 이런 아이들을 도울 방법이 없을까? 라는 생각을 하던 찰나에 보드게임을 하나 접하게 되었다.

보드게임의 이름은 '인생게임'이다. 각자 말을 가지고 보드판을 움직이며 자신의 인생을 설계하는 게임이다. 인생게임에서 인생은 돌림판의 숫자로 결정 나지만 우리는 매 순간순간 선택 할 수 있는 삶을 살고 있다. 최선의 선택이 최선의 결과를 가져오지는 않지만 후회 없는 선택이 될 수 있듯이, 후회 없는 선택을 할 수 있도록 진로교육이 필요하다고 생각하고 인생게임에서 착안한 '인생게임'을 제작하게 되었다. 지금까지 성공적이라 불릴 수 있는 반응을 얻고 있어서 함께 공유하고 연구하기 위해 소개하고자 한다.

인생게임에서 가장 중요한 기본 아이템인 이력서이다. 게임 시작과 함께 지급하는데 실제 이력서를 활용하면 학생들이 진정성 있는 자세로 게임에 임할 수 있도록 도움을 준다.

이 력 서

사진	성명	(한글)	장래 희망	1지망	
		(한자)		2지망	
		(영문)		3지망	
	생년 월일		E-ma il		

학력사항	재학기간		학교명 및 전공		학점	구분

자격면허	자격증명	취득년월일	발행기관

경력사항	기관명	기간	직위명

호봉사항	1 (5%)	2 (10%)	3 (15%)	4 (20%)	5 (30%)	6 (40%)	7 (50%)	8 (60%)	9 (80%)	10 (100%)
	11 (60%)	12 (70%)	13 (80%)	14 (90%)	15 (100%)	16 (120%)	17 (140%)	18 (160%)	19 (180%)	20 (200%)

가족관계	가상 혼인 유무	(혼인 비용 정산 후 증명서 부착)	가상 혼인 배우자	
	자녀 사항	첫째	둘째	셋째
	자녀명			

〈 이력서 〉

이력서를 보고 '이게 뭐지?'라는 생각과 함께 제목인 '인생게임'을 통해 어느 정도 게임에 대해 추론할 수 있을 것이라 생각한다. 이 게임은 학생들이 자신을 대신할 캐릭터를 하나 생성하여 캐릭터를 성장시키고 그 결과를 이력서에 입력하는 방식으로 진행된다. 이력서는 본인 캐릭터의 인생을 담는다. 이력서에는 캐릭터가 어떤 학교를 언제 어떻게 졸업했는지, 어떤 자격을 가지고 있는지, 어떤 경력을 가지고 얼마만큼의 성과를 보여주었는지 등의 정보들이 기입된다. 캐릭터를 통해 본인이 본인 꿈을 위해 일년 동안 어떤 삶을 살았는지 보여주는 것이다. 일련의 과정을 통해 자신의 꿈에 대해 새롭게 성찰하고 연구하며 앞으로의 삶에 대해 설계할 수 있다.

게임 진행

캐릭터 설정

학생들은 먼저 캐릭터를 생성한다. 이력서 예시에서 상단의 개인정보 표기 부분만 각 가정에서 보호자와 함께 작성하여 교사에게 제출한다.

사진	성명	(한글)	장래 희망	1지망	
		(한자)		2지망	
		(영문)		3지망	
	생년 월일		E-mail		

〈 개인정보표 〉

장래희망에 본인이 희망하는 직업을 가족과 함께 상의해보는 것이 이 게임의 첫 번째 단계이다. 꿈이 없거나 하고 싶은 게 없는 친구들이 종종 있다. 꼭 세 개를 채워야 하는 것은 아니므로 최근의 관심사를 바탕으로 어울리는 직업을 찾아보고 쓰도록 유도한다. 가져온 이력서는 교사가 회수하여 관리하는데 우리 학급에서는 교실 뒤 환경 판에 1년 동안 게시하고 1년 동안의 변화를 관찰할 수 있게 한다. 다른 게이머들도 상대 유저의 게임 캐릭터를 검색해 볼 수 있듯이 매일 관찰할 수 있고, 이를 통해 경쟁을 유도하여 게임에 더 집중할 수 있게 만들 수 있다.

위 과정이 끝나면 캐릭터 생성 작업이 끝이 난다. 이어서 본게임에 대해 설명하도록 하겠다. 본게임을 통하여 이력서 중앙과 하단이 어떻게 채워질지 정해진다. 나눠준 이력서는 동일하지만 결과는 모두가 다르게 나타난다.

게임 진행에 필요한 요소

모든 게임이 그렇듯 게임에서는 경험치와 자본이 중요하다. 캐릭터를 키우기 위해서는 경험치와 자본이 있어야 한다.

경험치

경험치는 레벨을 상승시키기 위해 꼭 필요하다. 레벨이 올라 갈수록 캐릭터는 강해지고 레벨에 따라 권한도 생긴다.

경험치는 학교생활을 성실하게 수행했을 경우 주어지는 점수이며 근면함과 성실함을 의미한다.

학급 규칙 준수, 자리 정리 정돈 및 청결 유지, 과제 수행 등 학급에서 필요한 항목을 선정하고 중요도에 따라 경험치를 설정하여 지급한다.

활동	획득 경험치	활동	획득 경험치
신문 완성 및 제출 확인	30(추가 경험치~20)	과제 수행 완료	10(건당)
청소 완료	20	준법 점수	20
매일 부서별 활동	10	기타 대통령령에 따른 점수	10~???

경험치는 위의 사항들과 관련 있는 학급정부의 부서들이 관리하고 정산하여 매일 국무총리에게 보고한다.

(ex, 사법부에서 준법점수를 파악하여 규칙을 어긴 학생은 경험치를 감점하여 가산함, 환경부에서 청소상태를 파악하고 청소상태에 따라 경험치 부여, 교육부에서 과제 검사 후 경험치 부여)

국무총리는 보고내용을 기록하여 일주일에 한 번 대통령에게 보고하고, 대통령은 엑셀 프로그램으로 이를 합산하여 교실 전면에 부착하여 안내한다.

교사의 판단으로 학급에 필요한 경험치 항목을 신설하거나 폐지하여 운영하면 좋다. 가끔 이벤트로 특별 항목에 대한 경험치를 가산하거나, 체육대회나 현장체험학습 등 특별한 시간을 이용한 특별 경험치 항목을 만들어 사전에 공지하면 적극적으로 행사에 참여할 수 있도록 유도할 수 있다.

LV	경험치	특전
1	~500	마루반 인생게임 참여 열심히 학교 다니기 가능
2	501~1000	초등학교 입학 및 졸업 가능
3	1001~2500	중학교 입학 및 졸업 가능
4	2501~4500	고등학교 입학 및 졸업 가능 숙제면제권 구매 가능
5	4501~6500	대학교 입학 및 졸업 가능
6	6501~9000	대학원 진학(석사,박사,로스쿨) 및 졸업 가능 취업 가능
7	9001~12000	부동산 거래 가능
8	12000~16000	청소면제권 구매 가능
9	16000~20000	밥자리 선점권 구매 가능
10	20001~	시험 면제권 구매 가능 (수행평가 면제 불가)

경험치에 따른 레벨과 그에 따른 특전이다. 학생들이 좋아할 만한 보상을 선정하여 반영한다.

경험치를 빠르게 모으면 캐릭터를 빠르게 성장시킬 수 있고 빠르게 성장한 캐릭터를 통해 많은 권한을 누릴 수 있다.

자본(돈)

캐릭터 성장에는 경험치만 필요한 것이 아니다. 현실 세계에서 살아가기 위해 꼭 필요한 자본도 필요하다. 자본은 학급정부에서 학생 본인이 열심히 일해서 번 돈을 사용하도록 안내한다.

자본은 캐릭터가 초등학교, 중학교, 고등학교, 대학교 진학 및 졸업을 위해 필요하다. 이 단계에서 자본은 등록금과 양육비를 의미하며 이를 지불하는 용도로 사용된다.

초등학교(LV 2 ～)	중학교(LV 3 ～)	고등학교(LV 4 ～)
경험치 501～1000	경험치 1001～2500	경험치 2501～4500
학년당 100만원	학년당 150만원	학년당 200만원 (예체능 계열 300만원)
총 600만원	총 450만원	총 600만원 (예체능 계열 900만원)
각 단계의 총액 납부 & 경험치 달성 시 다음 단계로 진학 가능		

학교를 졸업하기 위해서는 경험치와 자본이 모두 필요하다. 어느 한 가지가 부족하면 다음 단계로 진급할 수 없다.

각 단계별 경험치와 필요 자본은 각 학급 사정에 따라 산출한다.

현실감을 살리기 위해 예체능계열의 학비를 일반계열 고등학교에 비해 인상시켰다. 예체능 계열에 진학하고자 하는 친구들은 이점을 숙지하고 감수해야 한다. 실제로 학생들 중에 왜 예체능만 더 비싸냐고 항의하는 친구들이 간혹 있는데, 현실세계에 대해 이야기해주면 해결된다.

본인들의 성장을 위해 자본이 필요함을 알고 자신을 부양하는 가족의 소중함에 대해 인식할 수 있도록 지도한다.

봉사활동

다른 사람을 위해 헌신, 희생하는 정신을 의미한다. 봉사하는 마음이 필요한 사회 요소에 배치하여 친구들이 봉사하는 습관을 기를 수 있도록 유도한다.

예시1) 의과대학 입학 조건에 봉사 활동 시간을 추가하여 인류애를 가진 훌륭한 의사 양성

예시2) 자녀 출산 조건에 봉사 활동 시간을 추가하여, 아이들이 공감하기 어려운 출산과 양육에는 헌신하고 봉사하는 마음이 필요함을 강조한다.(남녀 학생 구분 없이 동일하게 적용)

'제2장 학급정부: 보건 복지부'편에 봉사활동 증명서 발급 과정이 나와 있다. 학급정부 프로그램과 연계하여 활용하면 실제 입시 환경과 같은 다양한 상황을 구현할 수 있다.

공부

사회는 한정된 재화를 공평하게 분배하기 위해 경쟁이 필요하다. 아직 경쟁이 익숙하지 않은 아이들도 자라는 과정에서 필연적으로 경쟁을 하며 살아가야 한다. 이러한 과정에서 '공부'라는 요소는 계속 작용하며 삶에 영향을 미치기 때문에 게임에 반영하였다.

특정 인기 있는 대학 학과, 직업은 이러한 현실성을 반영하기 위해 일종의 자격 제한을 두었으나, 모두 교육과정에 제시된 성취도를 달성하면 도달 가능할 수 있는 범주로 설정하였다. 초등학생 시기이기 때문에 다가올 미래를 위해 지금부터 꾸준히 노력하여 자신의 꿈에 차츰 다가갈 수 있게 하는 것이 이 게임의 큰 목표이기 때문이다.

게임 과정

등교부터 하교까지의 모든 행위들이 게임과 관련된다. 학생들은 학교에서 하는 자신들의 행위가 경험치로 환산될 수 있으므로 각별히 유의하여 행동한다.

일단 최대한 경험치를 빨리 많이 모으고 학급 정부 활동에서 자본을 최대한 끌어 모으는 것이 중요함을 인지시킨다. 시간이 많이 없기 때문이다. 다른 친구들에 비해 게임이 끝나기 전 보너스를 더 많이 받거나 월급을 한 번이라도 더 받기 위해서는 빠른 취업이 중요하다. 물론 이 시기에 자신 캐릭터의 진로를 구체적으로 정해 놓아야 한다.

게임 초반기 (유소년·청소년기, 레벨 1 – 4)

초등학교에서 고등학교까지의 기간으로 캐릭터를 자신이 원하는 학교로 진학시키는 단계이다. 특별한 사유를 제외하고, 캐릭터들은 보통의 의무교육과정을 모두 이수하는 것을 전제로 한다. 그렇기 때문에 캐릭터들간 다양성은 크지 않다. 안전하고 신속하게 정규교육과정을 마치는 것이 목표이므로 이 기간 동안은 다른 것에 신경 쓸 필요 없이 최선을 다해 학교 생활에 충실해야 한다. 다만 초기에 진학 경로에 따라 어떤 직업을 가지게 되는지 결정되는 학생들은 게임 초반임에도 불구하고 자신의 진로를 신중하게 결정해야 한다.

	재학기간	학교명 및 전공	학점	구분
학력 사항	2022.04.01. ~ 2022.04.30	대한민국 초등학교	A+	졸업
	2022.04.30. ~ 2022.05.30	대한민국 중학교	A+	졸업
	2022.05.30. ~ 2022.08.30	대한민국 고등학교	B+	졸업

　재학기간은 게임 시작일부터 시작하여 각 학교의 입학과 졸업날짜를 직접 기입해준다. 위의 예시를 참고하면 이해하기 쉽다.

　졸업 시, 학력 칸에 학생이 원하는 학교의 이름을 기재한다. 대부분의 학생은 별 다른 생각 없이 주변의 학교 이름을 기입해 달라고 하지만 간혹 본인이 진학을 원하는 학교가 있는 학생들이 있다. 내집단과 모집단이 일치되었을 때의 쾌감을 미리 경험시켜주고 동기를 부여하면 더욱 열심히 참여한다.

　학점은 캐릭터가 얼마나 성실하게 게임에 참여했는지를 판단하기 위해 졸업 시간으로 정한다. 위의 예시에서 초등학교와 중학교는 A+ 학점을 받았지만 고등학교에서는 B+ 학점을 받게 되었는데 그 이유는 재학기간이다. 재학기간 별로 학점을 다르게 설정할 수도 있고 이 과정이 복잡하면 학점 칸을 삭제해도 좋다. 학점은 추후 취직 시 월급에 추가되는 보너스에 영향을 미치므로 이 점을 꼭 게임 전에 인지시키도록 한다.

　구분란의 졸업은 졸업이 완료된 후에 기입한다. 재학 중일 때는 공란으로 둔다.

학점	A+	B+	C+	D+	F
졸업까지 소요기간	00일	00일 ~00일	00일 ~00일	00일 ~00일	00일 ~00일
학점별 월급 보너스					
초	3%	2%	1%	–	–
중	4%	3%	2%	1%	–
고	6%	4%	2%	1%	–

　학점별 보너스 지급에 차등을 두어 반영하면 학생들이 미루거나 몰아서 하는 것 없이 꾸준히 게임에 임한다. 학점에 관한 사항은 각 학급에서 상황에 맞게 정하는 것이 좋다.

　보통 이 과정을 수료하는 데까지 평균 세 달 정도가 소요된다. 학생들은 이 구간을 매우 힘들어 한다. 왜냐하면 게임 초기라서 적응해야 할 부분들이 꽤 많고, 본인들이 고생해서 버는 돈들이 모두 캐릭터 학비와 양육비로 들어가기 때문이다. '밑 빠진 독에 물붓기'라는 표현을 쓴 친구들도 있다. 그리고 이 기간 동안 꿈이 없는 친구들이 진로를 설정해야 하는데 이 또한 굉장히 어려운 일이다. 어려움을 겪는 친구들은 이번 기회에 진로 상담을 해 보는 것도 좋다.

게임 중반기 (취업·꿈의 실현, 레벨 5-6)

　취업 및 대학 입학이 이루어지는 시기이며 보통 학생들이 가장 혼란스러워하는 구간이다. 왜냐하면 너무나도 복잡·다양한 미지의 세상이 그들을 기다리고 있기 때문이다.

　이 시기 학생들은 크게 고등학교를 졸업하고 취업을 하는 학생과 대학을 졸업하고 취업하는 학생들 두 부류로 나뉘게 된다. 전자는 빠른 취직이 가능한 대신에 몇몇 전문적 지식을 요하는 직업의 취직에 제한이 있다. 대학을 졸업하고 취업을 하는 경우는 관련 학과의 전문지식이 필요한 분야에 취직하는 것을 전제로 좀 더 전문적인 직업을 선택할 수 있으나 취직에 시간과 돈 경험치가 더 요구된다.

대학 입학

취업 준비를 위해서는 본인의 흥미와 관심이 있는 학교 학과를 선택하는 것이 장기적인 관점에서 좋다. 연봉이나 사회적 지위를 위한 선택을 했을 시 준비 과정에서 어마어마한 스트레스에 직면할 수 있음을 반드시 인지시킨다. 본인의 흥미와 관련 없는 것을 조사하고 다른 사람들 앞에서 발표하는 것만큼 어려운 것이 없다.

대학교 등록금은 국립 대학교들을 기준으로 조정하여 제시한다. 가뜩이나 많은 양육비에 놀란 친구들이 모두 대학에 가지 않겠다고 선포할 수 있다. 학생들에게 인생을 너무 매운맛으로만 가르치면 겁만 먹고 섣불리 포기할 수 있으니 타협안을 찾아 절충한다.

학과	입학 자격		졸업 자격	대학교 등록금
법학과	단원평가 만점 5회 이상	학급 봉사 실적 10회 이상	신문 논술 A+ 등급 3개 이상	120만원 (×8학기)
의예과			봉사 실적 20회 이상	150만원 (×4학기) 250만원 (×8학기)

위의 예시처럼 학과별 특성을 고려해 입학조건, 졸업자격을 제시한다. 예를 들어 의과대학의 경우 봉사실적과 단원평가 점수를 꼭 반영한다. 법과대학 같은 경우는 논리성과 판단력을 살피기 위해 신문논술 점수를 반영하여 졸업자격을 부여한다. 위의 예시는 실제 학급에서 쓰이는 기준을 간략하게 간추려서 표현한 것이므로, 국립대학교 입학처 홈페이지를 참고하면 위와 같은 자료를 만드는 데 필요한 정보들을 얻을 수 있고, 복잡하여 번거로우면 모든 대학 입학 및 졸업과정을 간단하게 변형 가능하다. 학생들의 꿈을 응원하고 용기를 북돋아 주기 위해서는 최대한 간단하게 변형하여 모두 원하는 방향으로 입학과 졸업이 가능하게 만들어 주는 것이 좋다.

보통 이 과정에서 학생들은 각 가정에서 진로관련 상담을 한 번 더 하게 된다. 본인의 의지로 선택할 수 있지만 부모님과 상의해보면서 직업에 관한 가치관이 정립되고 이를 바탕으로 미래를 설계할 수 있기 때문이다. 부모님과 진로에 대해 생각이 다르다면 이 기회를 통해 합의를 도출함으로써 미래에 겪을 갈등을 사전에 예방하거나 감소시킬 수 있다.

학생들이 막연히 관심이 있는 진로와 흥미는 있으나 미래가 걱정되는 진로, 부모님은 원하지만 자신은 원하지 않는 진로 등 언젠가 겪어야 할 갈등 상황을 미리 접해봄으로써 자신의 미래에 대한 구체적인 계획을 수립할 수 있게 된다.

준비 과정에서 흥미나 관심 없이 단순히 본인의 조건에 맞추거나 사회적으로 명망있는 직업 혹은 연봉이 높은 직업을 선택한 친구들은 취업과정에서 실제로 어려움을 겪었다. 실제로 한 학생은 본인은 평소 관심이 없었지만 어느 정도 사회적 명망이 있고 연봉이 높은 약사를 선택하여 발표했는데, 발표 성적은 좋지 않았으며 발표 또한 단 한번으로

그쳤다. 이 점을 사전에 안내하고 진로 과정에 대해 생각할 수 있는 기회를 제공하면 아이들에게 맞는 진로 선택의 과정을 제시 할 수 있다.

취업

이 게임의 큰 목표지점이다. 사실상 이 게임은 취업을 마치면 나머지는 선택사항이기 때문에 사실상 끝이 났다고 봐도 무방하다. 사회의 한 일원으로서 자신의 책임과 의무를 다하고 권리를 행사하기 위해 취업은 필수이다. 사회의 일원으로서 인정받기 위해 학생들은 아래에서 설명하는 취업이라는 마지막 관문을 넘어야 한다.

학기 초 학생들에게 원하는 직업에 대해 설문조사 한다. 이력서를 바탕으로 해도 좋고 그것보다 빨리 하면 더 좋다. 그렇게 조사된 직업들을 '직업정보센터'에 검색한다. 불필요한 오해를 없애기 위해 각 직업의 취업 조건과 평균 연봉은 공신력 있는 기관인 직업정보센터 정보에 기반하여 설정한다. '직업정보센터' 누리집에 방문하여 관련 직업들을 검색하면 하는 일, 연봉, 미래 전망 등 관련 정보가 많이 있다. 이러한 정보들을 다운받아 교실에 게시하고 안내한다. 학생들은 본인이 원하는 직업뿐만 아니라 친구들이 원하는 직업도 함께 살펴보며 다양한 직업들에 대한 정보를 알아갈 수 있다. 학생들 자발적으로 여러 직업에 대해 탐구하고 전략적으로 파악하며 때로는 처음 선택한 진로를 변경하기도 한다. 학생들 스스로 여러 직업들에 대해 호기심을 가지고 탐구하므로 이 게임이 진로지도에 매우 효과적임을 알 수 있다.

아래의 표는 검색 정보를 표로 정리한 예시이다. 학생들이 원하는 직업들을 검색하면 하는 일과 평균 연봉이 나온다. 평균연봉은 직업정보센터에 문의해 본 결과 전국의 관련 직종 종사자를 무작위로 선정하여 나온 평균값이므로 학생들에게 이 점을 미리 안내한다. 실제로 학생들이 선망하는 직종 중 하나인 배우와 가수는 평균 연봉이 매우 낮게 책정되어 있는데, 이는 모든 배우와 가수들 중 무작위로 선정하여 평균값을 매긴 것이기 때문에 낮을 수 밖에 없다. 이와 같은 점을 꼭 인지시키고 연봉이 낮은 직업이 나쁜 직업이 아니고 연봉이 높은 직업이 좋은 직업이 아님을 설명한다. 보통 학생들이 고연봉의 직업을 선호하는데, 본인의 적성과 맞지 않으면 취업 시 겪게 될 어려운 점을 꼭 언급해줘야 한다. 또한 이후에 설명할 호봉사항과 연계하여 본인의 능력과 열정, 의지만 있으면 충분히 고액연봉자들의 연봉을 이길 수 있으므로 결국은 본인 하기 나름이라는 것을 설명한다. 실제로 인생게임에서 작곡가로 활약한 친구의 첫 월급은 매우 낮은 편이었지만 빠른 취업과 성실한 곡 작업, 곡에 대한 우수한 평가로 인해 다른 고액 연봉자들의 연봉을 가볍게 이길 수 있었다.

아래의 표에서 이전단계와 다음 단계는 승진을 의미한다. 초등학교 교사 14호봉이 되면 초등학교 교장 및 교감으로 승진할 수 있다. 승진하게 되면 새로운 직급의 연봉을 받게 되며 호봉사항의 보너스도 같이 적용 받는다. 승진과 관련한 호봉설정은 담임의 재량으로 설정한다.

직종	직업명	하는 일	평균 연봉	이전 단계	다음 단계
교육전문가 및 관련직	유치원 교사	유치원에서 취학 전 유아들의 신체적·정신적·사회적 발달을 증진시키기 위하여 기초적인 자연과학, 사회과학, 예체능 등의 교육 활동을 지도한다.	3,765	–	유치원 원장 및 원감
	유치원 원장 및 원감	사립 또는 공립 유치원에서 교육, 행정 및 기타 운영활동을 기획·관리한다.	4,992	유치원 교사 (14호봉)	–
	초등학교 교사	초등학교에서 학생들에게 초등교육 과정을 가르치고, 바른 인성과 품행을 가지도록 지도를 한다	4,509	–	초등학교 교장 및 교감
	초등학교 교장 및 교감	사립 또는 공립 초등학교에서 교육, 행정 및 기타 운영활동을 관리·감독한다.	7,350	초등학교 교사 (14호봉)	–
	중·고등학교 교사	국·공·사립의 중·고등학교에서 교육과정의 학습내용을 가르치기 위하여 교과서, 시청각 자료, 실험 장치와 적절한 방법을 적용하여 중·고등학생들에게 교과목을 가르치고 평가하며 생활을 지도하는 업무를 수행한다.	4,335	–	중·고등학교 교장 및 교감
	중·고등학교 교장 및 교감	사립 또는 국·공립 중학교, 고등학교에서 교육, 행정 및 기타 운영활동을 관리·감독한다.	7,632	중·고등학교 교사 (14호봉)	–

취업은 학급에서 실시하는 취업 프로그램에 따른다. 취업 프로그램의 이름은 '생활의 달인'으로 명한다. 생활의 달인은 여러 직업에서의 달인과 장인들이 출연하여 자신의 재능과 역량을 보여주는 방송 프로그램이다. 학생들은 이 프로그램에 출연하여 자신이 미래 관련분야의 장인이 되는 것을 목표로 삼고 이를 발표한다.

우리 학급에서 진행하는 생활의 달인은 매주 창체 시간을 활용하여 진행하고 있다. 사전에 신청을 받고 순번에 따라 발표하게 된다.

발표 내용은 첫 발표 시 이 직업을 가지고 싶은 이유에 대해 발표한다. 본인의 취업 희망 직업에 대해 설명하고 본인이 이 일을 원하는 계기나 이유에 대해 설명한다. 이 직업을 가지기 위해서 무엇을 준비해야 하는지, 본인은 어떤 준비를 하고 있는지 등을 설명하고 시청자(학급의 학생들)에게 질문을 받는다. 대략 5분 내외로 준비하며 형식은 자유롭게 본인을 드러낼 수 있는 것이면 된다. 작곡가가 꿈인 친구는 자신의 곡을 먼저 준비해서 학생들에게 들려준 뒤 발표를 시작하여 우수한 성적을 거두었고, 축구선수가 꿈인 친구는 자신이 그동안 활약한 모습과 연습한 모습을 담은 영상과 축구선수가 되기 위해 얼마나 노력하는지와 포부를 준비하여 다른 친구들에게 자극을 주었다.

두 번째 발표부터는 직업과 관련하여 자신이 준비하는 것들 혹은 관련한 자신의 끼를 유감없이 펼칠 수 있다. 야구 선수가 되고 싶은 출연자는 친구들에게 손수 캐치볼을 가르쳐 주었으며 교사가 되고 싶은 친구들은 학생들이 어려워하는 과목의 개념을 복습의 형태로 가르쳐 주기도 했다.

출연자의 발표를 마치면 시청자(학급 학생들)들은 현장 투표를 한다. 투표용지에 합격과 불합격을 표시하고 합격이 일정비율 이상 넘게 되면 합격처리하고 취업을 축하해준다. 시청자들을 만족시켜야 하는 일종의 면접과도 같은 것이다. 면접관들인 시청자들이 면접자인 출연자를 심사한다. 시청자들은 투표용지에 합격 불합격뿐만 아니라 출연자를 위한 응원 메세지나 피드백을 적어야 하며 불성실하게 임하거나 장난으로 투표 시 합격으로 간주하여 처리한다. 출연자들은 응원메세지로 힘을 얻고, 진실된 피드백들을 통해서 다음 발표를 준비하며 자신의 꿈에 한층 더 다갈 수 있게 된다.

출연 횟수나 합격 비율은 담임의 판단과 재량으로 정한다. 너무 자주 출연하게 되면 잦은 이미지 노출로 인해 불합격 비율이 높아질 수 있으므로 충분히 시청자들을 즐겁게 해줄 수 있는 아이템들을 준비한 후에 출연할 수 있도록 한다. 단, 발표는 직업과 관련한 것이어야 한다.

취직을 하게 되면 아래의 이력서 부분에 관련 정보를 기입하게 된다. 기관명은 학생들이 원하는 기관명을 기입해준다. 이유는 위 학력란에서 설명한 것과 같다. 기간은 취직시 날짜를 기입하며 직위명은 교실에 게시한 직업정보센터 정보의 직업명을 기입한다.

취직을 하게 되면 호봉사항의 첫 번째 칸에 스티커를 붙여서 표시해준다. 해당 칸의 백분율 만큼 보너스를 수령할 수 있다. 생활의 달인에 계속 출연하여 합격할 때마다 호봉을 계속 높일 수 있다.

경력사항	기관명			기간		직위명	

호봉사항	1 (5%)	2 (10%)	3 (15%)	4 (20%)	5 (30%)	6 (40%)	7 (50%)	8 (60%)	9 (80%)	10 (100%)
	11 (60%)	12 (70%)	13 (80%)	14 (90%)	15 (100%)	16 (120%)	17 (140%)	18 (160%)	19 (180%)	20 (200%)

많은 사람들 앞에서 발표하는 능력은 중요하다. 직접 발표하는 과정이 어렵다면 자료를 개발하거나 이를 해결할 방법을 고안하여 자신이 겪을 수 있는 문제점을 해결해야 한다. 이러한 상황을 해결하는 일련의 과정을 통해 학생들은 미래에 필요한 중요 역량인 문제해결능력과 발표능력을 신장시킬 수 있다.

승진은 직업정보표에 의거하여 해당 호봉이 달성되었을 시 이루어진다. 승진으로 인한 직급 상승은 이력서 경력사항란에 반영하여 기입하고 새로운 직급의 연봉을 적용하여 지급한다.

호봉은 기본적으로 취업에 성공한 캐릭터에 한하여 매월 스티커 1개씩 기본적으로 지급된다.

호봉 상승은 대개 생활의 달인에 의해서 이루어지지만 직업 특성상 생활의 달인 출연이 어려운 직업들도 있다. 이러한 경우에는 직업과 관련한 일체의 활동들도 호봉승급으로 인정해준다. 예를 들어 경찰관이 꿈인 학생은 생활의 달인에 출연하여 할 이야기가 많지 않을 수 있다. 이런 학생들이 미래 경찰관이 되기 위해 무도학원을 다니며 매일 체력 단련을 하고 있다면, 증빙자료 제출 시 호봉승급자료로 인정해준다. 꿈과 진로에 관련된 모든 활동들은 교사의 판단과 재량으로 호봉승급 자료로 인정해주도록 한다. 이런 경우에 본인의 꿈과 관련한 활동들을 스스로 찾아 실천함으로써 자기주도적 학습이 이루어지므로 교육적 효과가 탁월하다.

만 호봉(최고 호봉) 달성 시 그 직업의 최고 명예를 부여한다. 학생들의 동기를 강하게 자극할 수 있다.

직업관련 활동이 2달 동안 없을 경우 해고 처리된다. 해고를 통보받은 학생은 이전 기록이 삭제되며 처음부터 다시 취업활동에 임해야 한다.

자격면허	자격증명	취득년월일	발행기관

자격증은 교육부에서 발급한다. 제2장의 학급정부 – 교육부에 자격증 발급과 관련한 설명이 나와 있다. 자격증을 발급 받으면 이력서에 등록할 수 있다. 자격증 발급 날짜와 기관명을 기입해주도록 한다. 교사의 재량으로 학급정부에서 발행하는 자격증뿐만 아니라 학생들이 가지고 있는 자격증들을 등록하게 할 수 있다. 이런 경우 학생들이 방학을 이용하여 자격증 공부를 하는 등 실제 생활에 유익한 활동들을 스스로 계획하여 수행하는 경우가 있다.

자격증은 등록시 취업 후 자격증 보너스를 받을 수 있다. 여러 자격증을 발급 받을 수 있도록 독려한다.

게임 후반기 (인생을 즐기기, 레벨 7~)

이 단계부터는 급할 것이 없다. 선택의 영역이다. 혼인과 자녀 모두 선택이므로 자유롭게 선택하도록 한다. 단 사회적인 공감대가 형성된 일정 부분을 반영하여 혼인과 자녀 출산 시 얻게 될 장점을 환산하여 추가 보너스로 지급한다.

하지만 아무나 가족을 만들 수 없다. 책임감과 봉사하는 마음이 없다면 가족을 이룰 수 없다. 학생들이 단순히 결혼과 출산의 장점만 보고 선택할 수 없도록 사전에 이 점을 인지하도록 한다.

혼인을 성사시키기 위해서는 배우자를 한 명 선택해야 한다. 배우자는 학부모님들의 정서를 고려하여 교사 재량으로 인생게임 내의 캐릭터 안에서 제한을 두도록 한다. 혼인은 일정 봉사시간 수를 채운 두 캐릭터가 혼인 비용을 납부하면 성사된다. 이때 결혼 비용은 학급에서 물가를 고려하여 설정하도록 한다. 혼인이 성사되면 상대 배우자의 월급이 나의 월급에 합산이 된다. 예를 들어 내 월급이 300만원이고 배우자의 월급이 400만원이라면 다음달 나와 배우자가 받게 될 월급은 각각 700만원씩이 된다.

저출산의 문제가 심각하기 때문에 이러한 사항을 고려하여 자녀 출산시 혜택을 많이 준다. 우리학급에서는 각 자녀 출산시 배우자를 제외한 자신의 기본급에 첫째($\times$2), 둘째($\times$3), 셋째($\times$4)순으로 높아진다. 자녀로 인해 느끼는 행복감은 돈으로 환산할 수 없지만, 게임에서는 달리 표현할 방법이 없기 때문에 돈으로 지급한다.

저출산이라고 아무나 아이를 낳을 순 없다. 혼인보다 봉사활동 기준을 더 강화하여 적용한다. 필요하다면 사법부의 도움을 빌려 규칙위반사례 정보를 적용해도 괜찮다. 자녀를 낳고 키울 때는 그만큼의 노력과 책임감이 필요하며, 지금 학생들도 이런 바탕에서 자라고 있으며 이 자리에 있기까지 누군가의 피나는 노력이 있음을 꼭 설명 해주도록 한다.

자녀의 이름은 배우자간 합의하여 작명하고 이름을 이력서에 각각 기입한다.

혼인과 출산 시 게임은 게임일 뿐임을 학급에 공지한다. 간혹 게임에 과몰입하는 학생들이 결혼과 관련하여 친구들에게 놀림감이 되지 않을까 걱정하는데 이에 대해 꼭 짚고 넘어가도록 한다. 그렇지 않을 경우 혼인을 원하는 학생들도 선택을 꺼려하게 되어 게임설정이 붕괴될 수 있다.

가족관계	가상 혼인 유무	(혼인 비용 정산 후 증명서 부착)	가상 혼인 배우자	
	자녀 사항	첫째	둘째	셋째
	자녀명			

위와 같은 과정이 끝나면 인생게임은 마무리가 된다. 보통 학기 초에 시작하면 10월쯤은 모두 취직을 할 수 있는 방향으로 이끌어 나가면 좋다. 말기에는 보통 학생들이 진급을 위해 본인들의 삶에 치중하는 경향이 있고 혼인과 출산에 대한 기준이 높기 때문에 선택 영역을 선

택하는 경향은 크지 않다.

게임 정산

게임과 관련한 사항은 엑셀에 정리한다. 간단한 표와 식을 사용하면 쉽게 만들 수 있다. 오른쪽은 게임에 참여한 학생들 중 우수한 성적을 보여준 학생들의 월급표 예시자료이다. 엑셀프로그램에 아래의 표와 같이 정리하고 월마다 인쇄하여 학급정부 - 정부은행의 지점장에게 인계하면 월별 정산금액이 지급된다. 간단한 표로 정리하면 쉽고 간단하게 입력하여 처리할 수 있으므로 간편하다.

3장을 마치며

보통 게임에는 승자와 패자가 있기 마련인데 이 게임에는 승자만 있다. 이력서에는 학생들의 정성 어린 1년간의 노력이 기록되어 있기 때문이다. 게임에서 성공했든 실패했든 모두에게 성공이라고 생각한다. 미리 살아봄으로써 잘한 친구는 더 잘할 수 있는 동력을, 게임에서 조금 아쉬운 성적을 보였다면 이를 참고하여 앞으로 노력할 수 있는 발판을 마련할 수 있기 때문이다. 게임에 참여한 학생들은 1년 동안 소중하고 값진 경험을 통해 미래에 대한 청사진을 더 구체적으로 그릴 수 있게 되었다. 한 번 뿐인 인생을 1년 동안 미리 한번 살아 보는 것은 매우 뜻 깊고 행복한 일이라고 자부한다. 졸업식 때 나눠준 이력서를 받아들고 좋아하던 학생의 표정을 잊을 수 없다.

번호	6	
이름	문00	
직업	성형외과의사	
연봉	11,272	₩ 939
호봉 수당	40%	₩ 376
학점 수당	5%	₩ 47

번호	7	
이름	박00	
직업	줄넘기학원 사장님	
연봉	7,000	₩ 583
호봉 수당	100%	₩ 583
학점 수당	2%	₩ 12

번호	17	
이름	정00	
직업	판사	
연봉	8,444	₩ 704
호봉 수당	40%	₩ 281
학점 수당	8%	₩ 56

자격증수당	20
결혼수당	₩ 1,347
자녀수당 1	
자녀수당 2	
실 수령액	₩ 2,729

자격증수당	
결혼수당	
자녀수당 1	
자녀수당 2	
실 수령액	₩ 1,178

자격증수당	60
결혼수당	
자녀수당 1	
자녀수당 2	
실 수령액	₩ 1,101

4장
공간 혁신
프로젝트

세종시교육청에서는 삶과 배움이 있는 미래형 학교공간 조성을 위해 학생 참여 설계 방식의 공간 혁신을 위한 '세종꿈마루' 사업(세종학교공간 혁신 사업의 명칭으로 학생들에게 학습, 놀이, 휴식 등 균형 잡힌 삶의 공간을 제공)을 추진하고 있다. 이 사업에 많은 학생들이 참여하여 학교에서 많은 시간을 보내고 있는 학생들 각자가 자신이 생각한 공간에 대해 의견을 제안하고 제안한 공간을 디자인하여 스케치해보는 활동 등으로 학생들은 각자가 꿈꾸는 학교 공간에 대해 생각해 볼 수 있는 경험을 한다.

공간 혁신 프로젝트는 학생들이 학교 및 교실 변화에 대한 관심을 가지고 변화될 학교 공간에 대해 제안하고 실천하는 경험을 하는 데 목적이 있다. 학생들이 직접 학교 공간 변화를 위해 아이디어 설계, 프로젝트 계획, 실천까지 일련의 과정을 준비하여 발표한 경험을 소개하고자 한다.

공간 혁신이라고 해서 단순히 시설을 바꾸는 것이 아니라 교사와 학생이 직접 설계에 참여하여 학생의 주된 의견을 반영하고 미래교육 환경을 마련하는 데 그 의의가 있다. 기존에는 공급자 중심의 획일화된 학교시설을 구축했다면 공간 혁신 프로젝트는 미래세대인 학생들이 자신의 관점에서 다양한 의견을 제안하고 학생 주도 활동을 통해 다양하고 유연한 공간으로 재구조화하는 과정을 거치게 된다.

학교에는 공간을 사용하는 주체로서 학교를 다양하게 변화시킬 수 있는 학생, 교사, 학부모라는 민주적 공동체가 있다. 이들은 학교 사용자로서 교사는 교육과정 안에 공간 변화의 민주성을 녹여내고 학생은 참여하는 과정 속에서 민주적인 의사결정으로 공간이 변화되어 가는 과정을 경험하게 된다. 학부모 또한 참여 설계 과정에 의견을 제시함으로써 함께 학교 공간을 만들어가는 지역시민으로서 역할을 한다. 이러한 공간 변화에 있어서 민주적 절차와 참여를 통해 민주시민으로의 성장이 이루어진다.

1. 활동 자세히 들여다보기

필요성 및 목적

　○○초등학교 내부의 유휴 공간이 될 수 있는 여러 공간을 학생들을 위한 창의적이고 의미있는 공간으로 만들기 위해 사용자(학생, 교사, 학부모)들의 다양한 의견을 수렴하는 민주적 절차를 바탕으로 공간을 디자인하는 사용자 참여 설계과정을 거친 후, 이를 설계에 반영해 학교 공간을 최종적으로 완성하게 된다. 이를 위해서 교육과정과 연계한 '학교 공간 프로젝트 수업'을 통해 학생들이 주도적으로 참여하여 우리가 생활하는 공간을 주도적으로 구성하고 변화시킬 수 있는 경험을 하게 된다. 기존에는 사용자의 의견이 반영되지 않은 학교 공간 구성이 이루어졌지만 공간 혁신 프로젝트는 새로운 학교 공간이 이루어지는 과정에 학생 개개인의 의견이 반영되는 경험을 느낄 수 있다.

수업 한눈에 살펴보기

　공간 혁신 프로젝트 수업은 교육과정 재구성을 통해 교과 융합, 창체 연계 등으로 프로젝트 수업을 진행할 수 있다. 다음은 학교 공간 프로젝트 수업을 위해 교육과정을 재구성한 한가지 예이다.

'학교 공간 프로젝트 수업'을 위한 교육과정 재구성

주제	나도 어린이 건축가		
프로젝트 명	어린이 건축가 되기 프로젝트		
수업 대상 (학년, 인원)	6학년, 192명		
참여 과목	미술	국어	사회
관련 성취기준	• 〔6미02-01〕 표현 주제를 잘 나타낼 수 있는 다양한 소재를 탐색할 수 있다. • 〔6미02-02〕 다양한 발상 방법으로 아이디어를 발전시킬 수 있다. • 〔6미02-03〕 다양한 자료를 활용하여 아이디어와 관련된 표현 내용을 구체화할 수 있다.	• 〔6국01-04〕 자료를 정리하여 말할 내용을 체계적으로 구성한다. • 〔6국01-05〕 매체 자료를 활용하여 내용을 효과적으로 발표한다.	• 〔6사05-03〕 일상생활에서 경험하는 민주주의 실천 사례를 탐구하여 민주주의의 의미와 중요성을 파악하고, 생활 속에서 민주주의를 실천하는 태도를 기른다. • 〔6사05-04〕 민주적 의사 결정 원리의 의미와 필요성을 이해하고, 이를 실제 생활 속에서 실천하는 자세를 지닌다.

교과 재구성 (관련 단원)	• 9. 아름다운 공간 예술, 건축	• 3. 짜임새 있게 구성해요	• 1. 우리나라의 정치발전
주제 중심 교과 활동 (타교과 연계) 융합	• 우리 주변의 건축물 구조 탐색하기 −학교, 마을 등에 있는 건축물의 기본 형태와 구조 알아보기 • 건축물 기본 형태, 색깔 찾기 −건축 모형을 만들 수 있는 재료와 표현 방법 탐색하기 −공간에 어울리는 색깔 찾기 • 용도와 아름다움을 생각하며 건축 모형 만들기 −모둠 친구들과 함께 학교에 만들고자 하는 건축물의 용도에 어울리는 형태와 구조를 고려한 밑그림 그리기 • 다양한 재료와 방법으로 만들고자 하는 건축 모형의 기본 형태 만들기 • 기본 형태를 조합하여 건축 모형 만들기	• 다양한 자료의 특성 알기 −표, 사진, 그림, 동영상, 실물 등 자료의 특성 살펴보기 • 우리가 건축한 공간에 대해 발표 준비하기 −우리 모둠에서 만든 건축물 발표 자료 준비하기 −발표 연습하기 • 우리가 만든 건축 공간 설명하기 −위치, 공간 이름, 공간 사용 용도, 활용 방법 등 발표하기 −발표를 듣고 자신의 건축물과 비교해 살펴보고 장단점 생각해보기	• 학교 공간 투어 −우리가 가장 좋아하는 공간 살펴보기 −교실, 복도, 운동장, 미디어 스페이스, 계단 등 여러 공간 살펴보기 −공간을 둘러보고 난 느낀 점 및 개선할 부분 등 아이디어 나누기 • 우리 학교 공간에 대한 문제점 및 해결 방안 찾기 −공간별 장점과 단점을 기록한 후 회의를 통해 해결 방안 찾기

	• 공간 페스티벌 –건축물 전시하기(좋은 점, 개선할 점 등 의견 붙이기)		
평가	• 주변 환경과 조화롭게 공간의 모습을 구체적으로 잘 표현하였는가? • 다른 사람들에게 표현한 내용을 조리있게 말할 수 있는가?		

3) 활동 내용 및 모습

학교 공간이 어떻게 변하면 좋을지 자신의 의견을 언어로 표현할 수 있는 기회를 제공하고 친구들과 서로 의견을 나눔으로써 구체적으로 원하는 방향과 의견을 공간 혁신에 반영한다. 더 나아가 자신이 생각한 공간을 그림으로 아이디어를 구체화함으로써 자신들이 주도적으로 공간 혁신에 참여하는 가치와 의미를 더해갈 수 있다.

학교 공간을 학생이 주인이 되는 공간으로 만들기 위해 학생들은 학교 내 교실, 복도, 계단 등을 둘러보며 우리에게 필요한 공간이 무엇인지 고민해보는 시간을 가졌다. 특히 우리 학교 층마다 복도에 있는 미디어 스페이스 공간은 충분히 활용할 수 있는 크기의 공간인데 빈 공간으로 몇 년동안 방치되었다. '이러한 공간을 잘 활용하면 우리들이 사용할 수 있는 공간을 만들 수 있지 않을까?'라는 생각이 많이 들었다.

그래서 미디어 스페이스 공간을 활용할 수 있는 방안에 대해 생각해 보았다. 미디어 스페이스 공간에 강당, 운동장 이외에도 즐길 수 있는 놀

 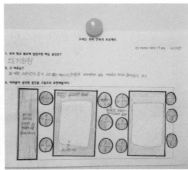

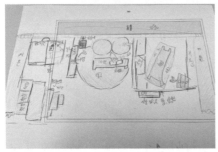 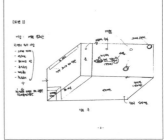

이 공간, 휴식 공간을 만들면 좋겠다는 의견이 많이 나왔다. 이를 바탕으로 자신이 생각하는 공간의 모습을 그림으로 표현하였다. 표현한 내용을 친구들에게 발표하면서 친구들의 공감을 이끌어내기도 하였다.

 이후 공감을 많이 이끌어낸 공간의 모습을 모둠 친구들과 우드락, 골판지, 색지, 클레이 등 다양한 재료를 사용하여 입체적으로 만들어 본 후 발표해보기도 하였다. 자신이 만든 공간에 대한 의도와 표현을 설명하고 다른 친구들과 공간 변화에 대해 상호 의견을 나누었다. 이렇게 학생들이 제안한 학교 공간에 대한 의견이 설계사 측에 전달되어 곧 학생들이 꿈꾸는 학교 공간으로 탈바꿈할 것이다.

2. 활동 되돌아보기

학생들 이야기

교육과정과 연계한 공간 혁신 프로젝트를 통해 학생들이 스스로 학교 공간을 자기화하여 가꾸고 꾸미는 경험을 가졌다. 이를 통해 학교 공간에 대한 주인의식을 가지고 공간을 함께 가꾸고 나누어 사용할 줄 아는 민주시민으로 성장할 수 있을 것이다. 특히 교육과정 속의 공간 교육은 학생들에게 공간감, 예술성, 문제해결능력, 융합적 사고 능력 배양 등 다양한 많은 교육적 효과를 주었다. 공간 혁신 프로젝트 활동을 마무리하며 아이들의 목소리를 들어 보았다.

"우리가 꿈꾸던 모습이 미디어 스페이스 공간에 실현될 생각을 하니 신기하고 어떤 모습으로 표현될지 궁금하기도 해요. 빨리 공사가 완료되어 새롭게 바뀐 미디어 스페이스 공간을 보고 싶어요"

"우리가 꿈꾸던 공간을 생각해본 후 직접 스케치하고 만들어 보기까지 하니 재미있었고 원하는 공간에서 친구들과 놀 생각을 하니 설레고 기대돼요."

"학교라는 공간이 다른 누군가가 만들어준 공간에서 생활하는 것이 아니라 우리가 직접 아이디어를 내고 그 아이디어가 설계에 반영되어 우리를 위한 공간이 만들어진다고 생각하니 우리가 학교의 주인이 된 느낌이 된 것 같아요. 세종시의 많은 학교에 우리 학생들을 배려해주는 공간이 많이 생겼으면 좋겠어요."

교사 이야기

학생들이 학교 공간 프로젝트 수업을 통해 학교의 문제를 스스로 발견하고 계획, 실행하면서 자신이 실천한 작은 변화로 내가 생활하는 공간에 예상하지 못한 큰 변화를 일으킨 것을 느끼는 시간이 되었다.

특히 '내가 경험한 모든 것이 결국 나와 밀접한 관련이 있는 것이구나.' 깨닫게 되면서 공간 주권(공간을 주도적으로 변화시킬 수 있는 권리)을 실현하는 주인공으로서 역할을 수행하였다.

역할을 수행하는 과정 속에서 친구들과 함께 토의하고 협업하면서 자연스럽게 의사소통 능력, 비판적 사고력 등을 신장하고 민주시민으로 성장할 수 있는 계기를 마련해 주었다.

국가의 주인이 국민이듯이 학교, 교실의 주인은 바로 학생들이다. 학생들이 스스로 학교 공간을 변화시킬 필요성을 느끼고 직접 바꿔가면서 학교 공간이 학생이 주인이 되는 공간으로 탈바꿈할 수 있음에 감사함을 느꼈다.

5장
마을연계
학생 사회참여
활동

마을연계 학생 사회참여 활동은 학생들이 주변에서 일어나는 사회 문제에 대해 관심을 가지고 주도적으로 해결 방안을 찾고 실천하는 기회의 장을 마련하는 데 목적이 있다. 학생들이 직접 학교 밖 마을의 문제를 찾아보고 관련 자료를 조사한 후 아이디어 설계, 프로젝트 계획, 실천, 제언까지 일련의 과정을 준비하며 활동한 경험을 소개하고자 한다.

학생들은 현재 겪고 있는 코로나19 상황과 연계하여 우리 마을의 문제 상황을 친구들과 함께 고민해보고 우리가 할 수 있는 일이 무엇인지 생각해보도록 했다. 처음에는 간단한 과제를 수행하는 것조차 힘들어하던 학생들이 시간이 흐르며 점점 달라졌다. 특히 학생들은 자신이 고민하고 탐구하고 문제를 해결하는 과정을 경험하면서 자신의 의견이 반영된 활동에 적극적으로 임했다. 이후 해결 방안을 스스로 선택하여 적용해가면서 현재 자신이 살고 있는 마을의 문제점을 해결하기 위해서 창의적인 결과물이 나왔다. 사회참여 활동을 통해 학생들 모두 주도성, 창의력, 문제 해결력 등 미래사회에 필요한 역량들이 자연스레 길러졌다. 다시 한 번 '학생'이 중심임을 깨닫는다. 학생들이 스스로 결정의 주체가 되어 선택하고 몰입했을 때 좋은 방향으로 변화의 바람이 분다는 것을 깨달았다. 미래사회 속 살아가는 학생들은 어떻게 해야 할지 몰라 막막할 때 고민 없이 주변을 돌아보게 된다. 이때 나와 함께 가는 친구, 선생님 등이 존재하기에 함께 변화를 주도해나갈 수 있는 원동력이 될 것이다.

1. 활동 자세히 들여다보기

문제 제기

올해는 코로나19 바이러스로 인해 학생들이 학교에 가지 못하기도 하는 등 생활에 많은 변화가 있습니다. 마스크와 손 소독제를 매일 같이 사용하는 것도 큰 변화 중 하나인데, 아파트 엘리베이터에는 아파트 주민들을 보호하기 위해 손 소독제가 설치되어 있습니다.

그런데 5살 어린 아이가 엘리베이터의 손 소독제를 사용하려다가 눈에 들어가서 각막 화상을 입은 뉴스를 보고 마음이 무척 아팠습니다. 뉴스에서는 키가 작은 5살 어린 아이가 까치발을 들고 손 소독제를 사용하다가 눈에 들어가서 아파하는 모습이 나옵니다. 그 장면을 보면서 '손 소독제가 더 낮은 높이에 있었다면 어땠을까?' 생각하게 되었습니다.

뉴스에서는 5~6세의 어린이의 눈높이에 손 소독제가 비치되어 있어 위험할 수 있다고 이야기합니다. 사실 4학년은 엘리베이터 손 소독제를 편하게 사용할 수 있습니다. 하지만 키가 작은 1~2학년 동생들과 유치원 동생들은 키가 닿지 않아 위험할 수 있다는 사실을 뉴스를 보고 나서야 알게 되었습니다.

코로나19 바이러스로부터 보호하기 위해 엘리베이터에 비치된 손 소독제를 사용하려다 5살 아이가 각막 화상을 입었다. 손 소독제의 위치가 어른이 사용하기는 편리한 위치에 있지만, 어른의 허리 높이는 어린이의 얼굴(눈높이) 위치와 비슷하여 어린이가 사용하기 불편하다. 소독제 용기가 대부분 펌핑 형식으로 되어 있어 아이들은 분사 세기를 조

절하기 어렵다. 특히 시중에서 판매되고 있는 손 소독제의 알코올 농도
는 60~80%로 안과에서 수술용으로 쓰는 소독제보다 4배 이상 높다.

사전 조사

아파트 엘리베이터 손 소독제의 높이 조사

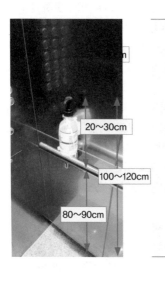

1) 시중에 판매되는 손 소독제 높
   이 20~30cm

2) 아파트 엘리베이터 손잡이 높이
   80~90cm

3) 엘리베이터에 비치된 손 소독제
   높이 100~120cm

어린이의 평균 키 조사

(단위: cm)

나이	만 3세	만 4세	만 5세	만 6세	만 7세
여아	87 ~90.7	94.1 ~102.2	105.3 ~108.7	108.7 ~114.6	114.6 ~121
남아	88 ~95.7	95.7 ~103.7	103.7 ~109.6	109.6 ~115.6	114.5 ~122.4

➡ 엘리베이터 손 소독제(100~120cm)가 실제로 어린이의 얼굴(눈높
이) 위치에 비치되어 있다는 사실을 알 수 있었다.

손 소독제 사건 이후 모습

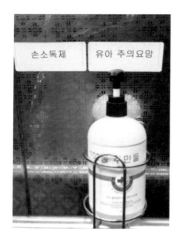

'유아 주의 요망', '눈에 들어갔을 경우 대처 방법' 정도의 안내 문구가 있다.

사건 이후 문제의식을 느낀 사람들이 많지만 안내문만 붙어있고 소독제의 위치는 변하지 않았다.

아이디어 떠올리기

어린이도 문제를 해결할 수 있어요

교과 연계 활동 [사회 4-1] 3-(2) 지역 문제와 주민 참여	교과 연계 활동 [국어 4-2] 4. 이야기 속 세상

1학기 사회 교과서에는 초등학생들이 지역사회의 문제를 해결한 사례가 나왔는데, 우리도 사회의 문제를 해결할 수 있을 것 같다는 생각이 들었다.	국어 교과서에서 《사라, 버스를 타다》라는 이야기를 읽고, 흑인이 차별받는 것이 당연하던 시대에 어린 아이가 법을 바꾸었다는 사실이 정말 인상 깊었다.

Save the Sejong Children 동아리를 만들었어요

8명의 친구들이 모여 동아리를 만들었어요	Save the Sejong Children 동아리방이 생겼어요

의미: Save the Children이라는 어린이 보호 단체처럼 세종시의 어린이들을 보호한다는 뜻으로 이름을 정했다.	4층에 비어있는 프로젝트룸을 우리 동아리방으로 꾸며서 물품을 보관하기 편리했고, 동아리 회의와 활동 준비를 할 때마다 모일수 있었다.
로고: 기존 로고에 마스크를 그려서 코로나19 바이러스로부터 보호한다는 의미를 더했다.	

우리가 할 수 있는 일을 찾았어요

〈 아이디어 회의 〉

2부 민주시민교육, 적용해보자

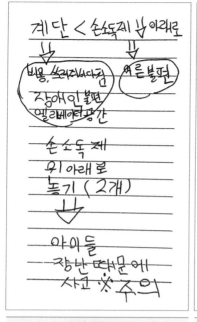

문제 나누기

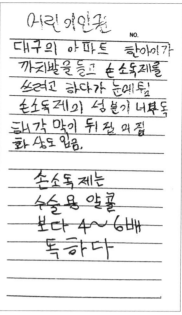

아이디어 떠올리기

회의에서 나온 많은 의견 중에서 합리적이고 실천 가능한 아이디어는 다음과 같다.

① 엘리베이터의 손 소독제 아래에 계단형의 발 받침대를 놓는다.
② 손 소독제의 위치를 아래로 옮긴다.(아래로 옮길 경우 어른들이 불편하다.)
③ 손 소독제를 위와 아래에 2개를 놓는다.
④ 엘리베이터의 손 소독제를 사용하기 어려운 아이들에게 휴대용 손 소독제를 만들어준다.

계획하기

프로젝트 1 – 유치원 동생들에게 휴대용 손 소독제를 만들어 기부해요.

　4~5살 아이들에게 휴대용 손 소독제를 기부하기로 계획하였다. 3살 이하의 어린이는 손 소독제를 장난스럽게 사용하다가 오히려 위험할 수 있지만 4~5살 아이들은 손 소독제를 손에 사용해야 한다는 판단을 할 수 있어서 안전하게 사용할 것이라고 생각했기 때문이다.

프로젝트 2 – 키 작은 아이들이 엘리베이터 손 소독제를 편하게 사용하게 해요.

　엘리베이터 손 소독제 위치에 대한 고민과 회의는 정말 길었다. 여러 번의 회의에서 나온 아이디어 중에서 가장 좋다고 판단한 두 가지 방법은 다음과 같았다.

　　1) 엘리베이터 손 소독제 아래에 발 받침대를 놓는 방법
　　2) 손 소독제를 하나 더 준비해서 낮게 설치하는 방법

　회의에서 나온 2가지의 물건을 샘플 모두 준비해서 학교 안에 있는 엘리베이터에서 직접 사용해보며 장점과 단점을 비교해보았다.

두 가지 물건을 모두 사용하면서 장점·단점 비교하기

엘리베이터의 손 소독제 아래에 발 받침대를 놓는 방법	손 소독제를 하나 더 준비해서 낮은 높이에 설치하는 방법

장점: 손 소독제 1개를 함께 사용하기 때문에 다 쓰고 교체하기 편하다.

단점: 오히려 어린이들을 다치게 할 수 있다. 시각장애인에게 걸림돌이 될 수 있다.

장점: 키가 작은 사람들과 큰 사람들이 각자의 높이에 맞는 손 소독제를 사용할 수 있다.

단점: 손 소독제를 2개 준비해야 한다. 아이들이 장난을 칠 수 있다.

주변 사람들에게 장단점을 설명해주면서 투표받기

장단점을 설명해주는 모습	투표에 참여하는 많은 학생들	유치원 학부모님도 참여하는 모습

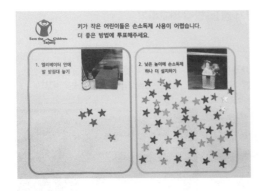

학교를 마친 저학년, 고학년 학생들이 골고루 투표해주었고, 유치원 앞에서 아이를 기다리는 어른들도 투표에 참여하였다.

1번과 2번 방법의 장단점을 설명한 후 투표를 부탁하였고, 결과는 5 : 52로 손 소독제를 하나 더 설치하는 2번 방법이 압도적으로 높았다.

실천하기

프로젝트 1 – 유치원 동생들에게 휴대용 손 소독제를 만들어 기부해요.

손 소독제 직접 만들기

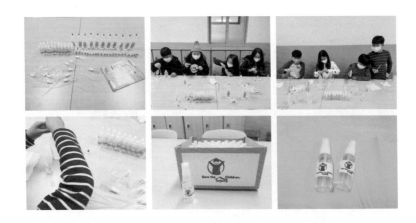

유치원 동생들에게 휴대용 손 소독제를 기부하기 위해 베이스 용액, 알로에 베라 액, 라벤더 오일을 일정한 양으로 섞어서 만들고, 동아리 로고와 코팅 필름을 붙였다.

○○유치원에 기부하기

| 사용 시범 보이기 | 주의사항 설명하기 | 유치원 선생님과 기념 촬영 |

○○유치원 앞에서 유치원 선생님을 만나 제작 방법과 사용 방법을 설명하고 얼굴에 뿌리면 안 된다는 주의사항도 알려드렸다. 유치원 동생들에게 도움을 줄 수 있다는 생각에 뿌듯하고 행복한 마음으로 준비했는데, 유치원 선생님께서는 받기만 할 수 없다며 선물까지 준비해 주셨다. 기부하는 것만으로 행복했는데 생각하지 못한 선물도 받을 수 있었다.

프로젝트2 - 키 작은 아이들이 엘리베이터 손 소독제를 편하게 사용하게 해요.

아파트 경비원 아저씨께
안녕하세요?
저희는 우리 사회에 관심이
많은 ●●초등학교 4학년
사회참여 동아리입니다.
얼마 전, 5살 어린 아이가
엘리베이터에 손소독제를
사용하다가 눈에 들어가서
각막 화상을 입은 사건을
알고 계신가요? 저희는 그
사건을 알고 마음이 많이
아팠습니다 저희와 어른
들은 키가 어느 정도 크기

때문에 엘리베이터에 있는
손소독제를 잘 사용할 수 있지
만 키가 작은 어린 아이들
은 손소독제가 너무 높아서
사용하기 어렵습니다. 그래서
저희는 엘리베이터에 손소
독제를 하나 더 설치하자는
생각을 하게 되었습니다
저희의, 키 작은 어린이들은
낮은 높이의 손소독제를 사
용하고, 키가 작은 어린이
들은 낮은 높이의 손소독
제를 사용해서 더 많은

사람들이 사용하기 편리
합니다. 그러면 키가 작은
어린이들도 코로나 바이러스
를 예방할 수 있습니다.
저희가 손소독제를 더 설
치할 수 있도록 허락
해주시기를 부탁드립니다.
감사합니다.

사회참여 동아리
학생들 올림

교과 연계 활동 [국어 4-2] 5. 의견이 드러나게 글을 써요
자신의 의견을 제시하는 글 쓰기

아파트 관리사무소에 허락받기

학교 주변의 아파트 단지 엘리베이터에 설치해도 된다는 허락을 받기 위해 노력했다. ○○마을 6단지 관리사무소 소장님께서 허락을 해주셔서 실천할 기회를 얻게 되었다.

경비아저씨께 말씀드리면 되는 줄 알았는데 아파트 관리사무소 소장님께 허락을 받아야 한다는 사실도 알게 되었다.

활동 티셔츠 만들기

　우리가 엘리베이터에 설치하고 다니면 장난친다고 오해받지 않을까 걱정하는 의견이 나와서 노란색 단체 티셔츠를 주문했다. 티셔츠가 정말 예쁘다며 다들 산 줄 알지만, 예산을 아껴서 손 소독제 같은 물품을 더 많이 사기 위해 직접 디자인하여 앞면과 뒷면 모두 물감으로 손수 찍어서 만들었다.

설치 물품 준비하기

　손 소독제, 바구니, 케이블타이를 주문했고, 바구니에 케이블타이를 넣어 설치할 수 있도록 구멍을 크게 뚫는 작업을 했다.

　교장 선생님께서는 우리가 하는 일이 자랑스럽다고 하시면서 '○○초 사회참여 동아리' 로고를 사용하면 좋겠다는 아이디어를 내주셔서 모든 바구니에 동아리 로고와 코팅 필름을 붙이는 작업도 하였다.

단지 내 모든 엘리베이터에 설치하기

| 교장 선생님께 인사 | 물품 준비 완료 | 아파트 단지로 이동 |
| 관리사무소 방문 | 소장님께 받은 현관 마스터키 | 2팀으로 활동 준비 완료 |

단지 내 모든 엘리베이터에 설치하고도 남을 양의 손 소독제, 바구니, 케이블타이, 가위 등을 준비해서 ○○마을 ○단지 관리사무소를 다시 방문했다. 관리사무소 소장님께서는 전에 말씀하셨던 대로 현관 출입 마스터키 2개를 주셨고, 소장님께 설치하는 모습을 미리 보여드렸다.

| 역할을 분담하며 활동하는 모습 | 첫 번째 팀 활동 모습 | 두 번째 팀 활동 모습 |

| 설치 완료한 모습 | 7살 어린이 사용 모습 | 8살 어린이 사용 모습 |

    두 개의 팀으로 나누어 모든 동의 엘리베이터에 하나하나 설치했다. 설치하는 중에 엘리베이터에 함께 탄 할머니께 설명해드리니까 "좋은 일 하네. 높긴 했어."라며 칭찬해주셨다. 설치하면서 어린 동생들이 직접 사용하는 모습도 볼 수 있었다. ○○초등학교 1학년이라는 어린이와 ○○유치원에 다닌다는 7살 어린이를 만났는데, 기존 손 소독제는 실제로 눈높이에 있어서 위험해 보였지만 아래에 설치된 손 소독제는 편하게 안전하게 사용하는 모습을 볼 수 있어서 뿌듯했다.

2. 활동 되돌아보기

1) 학생들 이야기

　학생들이 직접 사회현상의 문제를 찾아보고 내가 살고 있는 마을의 문제를 해결하기 위해 친구들과 함께 고민해보고, 더 나은 마을을 만들기 위해 직접 실천한 경험은 이전까지 못해본 색다른 경험이었을 것이다. 뿌듯한 아이들의 표정을 보면서 내 얼굴에도 절로 미소가 지어졌고 마을연계 사회참여 활동을 마무리하며 아이들의 목소리를 들어보았다.

> "정말로 우리 아이디어처럼 될 수 있을까? 이렇게 해결할 수 있을까? 고민했는데 진짜 하게 되다니! 솔직히 소독제를 설치한 날 밤에는 잠을 잘 때 다리와 허리가 아파서 힘들었는데 진짜 뿌듯했어요."

> "Save the Sejong Children 동아리여서 자랑스러워요.
> 선생님, 다음 주에는 또 언제 모여요?"

> "뉴스에 나온 5살 아이처럼 키가 작은 다른 어린이들도 위험하다고 생각했는데 우리가 이렇게 노력해서 아파트 단지를 바꿨다는 게 자랑스러워요. 제가 사는 단지에도 설치할 수 있게 허락해주면 좋겠어요. 더 많은 아파트와 공공장소에서 키 작은 어린이들의 높이를 배려해주는 세종시가 되었으면 좋겠어요."

2) 교사 이야기

처음에는 교실 밖을 나가서 아이들이 활동을 할 수 있을까? 혹시나 아이들에게 안전 문제나 다른 사고가 생기면 어떡하지?'라는 의문과 두려움이 있었다. 하지만 아이들의 똘망똘망한 눈망울과 모두 자신감 있는 목소리로 "선생님, 우리는 할 수 있어요."라는 말을 들으니, 내 걱정이 어느새 사르르 녹아버렸다.

평소 교실에서 교과서나 활동지로 배우는 것에 쉽게 흥미를 잃고 관심을 많이 가지지 못하는 학생이 여럿 있었다. 그래서 우리 마을 주변에 있는 문제점을 고민하고 탐구하면서 아이들이 직접 경험하는 시간을 가지면 이 아이들이 흥미를 잃지 않고 활동에 참여할 수 있겠다는 생각이 들었다. 이것이 마을연계 사회참여 프로젝트를 실시하게 된 이유였다. 한 달 동안 아이들과 함께 활동을 진행하면서 느꼈던 것은 아이들의 잠재력은 내가 생각한 것보다 훨씬 무궁무진하구나. 그리고 내가 예상하지 못한 것을 생각해냈고 그 과정 속에서 실천해 나가며 성장하였다는 것이다. 아이들이 다양한 경험을 하고 성장할 수 있는 기회를 가질 수 있도록 도와주는 교사의 역할도 중요하다고 생각한다.

예상치 못한 변화된 사회에 적응하여 살아가기 위한 아이들의 시간은 멈추지 않고 현재도 진행형이다. 이러한 아이들의 꿈을 응원하고 아이들의 더 나은 미래를 위해 앞으로도 새로운 경험의 장을 함께 만들어 나갈 것이다.

참고문헌

교육부(2021), 2022 개정교육과정 총론 주요사항 발표, 보도자료.

교육부(2021), 2015 개정교육과정 총론, 초등학교 사회 6-1.

교육부(2018), 민주시민교육 활성화를 위한 종합계획.

교육부(2015), 사회과 교육과정.

교육부(2015), 창의적 체험활동 교육과정.

권진욱, 송주영, 이광훈, 이기라, 조철민(2016), 시민사회의 시민교육 체계 구축 과정 연구: 독일, 프랑스, 스웨덴, 미국, 영국을 중심으로, 민주화운동기념사업회 한국민주주의연구소.

아이들의 민주주의

학교 안 민주시민교육

2022년 12월 15일 초판 1쇄 발행

저자	유연상, 김인태
교정·윤문	전병수

발행인	전병수
편집 디자인	배민정
표지 디자인	은희주

발행   도서출판 수류화개
          등록 제569−251002015000018호 (2015.3.4.)
          주소 세종시 한누리대로 312 노블비지니스타운 704호
          전화 044-905-2248
          팩스 02-6280-0258
          메일 waterflowerpress@naver.com
          홈페이지 http://blog.naver.com/waterflowerpress

값 18,000원
ISBN 979-11-92153-10-0(03370)